Christiane Fischer/Jürgen Reitemeier

Verbale Angriffe

- Umgang mit schwierigen Kolleginnen und Kollegen
- Konfliktarten und -typologien
- Konfliktverhaltensstile und -vorschläge

Impressum

Titel-Nr.: 7111

Die Deutsche Bibliothek – CIP-Einheitsaufnahme

Christiane Fischer / Jürgen Reitemeier
Verbale Angriffe:
Umgang mit schwierigen Kolleginnen und Kollegen
Hrsg.: Christiane Fischer / Jürgen Reitemeier – Kissing.
WEKA Media GmbH & Co KG, 2002

ISBN 3-8276-7111-6

Wichtiger Hinweis:

Die Daten und Informationen wurden mit größter Sorgfalt zusammengestellt. Obwohl alles getan wurde, um die in diesem Werk enthaltene Information zum Zeitpunkt der Veröffentlichung aktuell und korrekt zu halten, kann keine Garantie für Fehlerfreiheit gegeben werden.

Turnus Fachinformationsdienst mit Sitz in Kissing,
eingetragen im Handelsregister Augsburg unter HRB 8743.
Geschäftsführer: Wolfgang Materna und Renate Dempfle

Postfach 12 09, 86426 Kissing
Telefon 01 80/4 56 78-40
Telefax 01 80/4 56 78-31
(0,24 € pro Gespräch/Fax)
http://www.turnusweb.de

Satz: Fotosatz Buck, 84036 Kumhausen
Druck: Druck & Media, 96317 Kronach
Printed in Germany 2002
ISBN 3-8276-7111-6

Inhalt

	Inhalt	3
	Danke	6
	Anmerkung	7
	Autorenverzeichnis	8
	Einleitung	9
	Regeln	12
	Zu diesem Buch	14
1	**Verbale Angriffe**	15
1/1	Definition von verbalen Angriffen/Konflikt	15
1/2	Wahrnehmung von Konflikten	17
1/3	Der Konflikt – ein Definitionsversuch	19
1/4	Konfliktanalyse	21
2	**Bedeutung von Sprache**	24
2/1	Entwicklung von Sprache	26
2/2	Vier Seiten einer Botschaft	29
2/3	Ich-Botschaften	32
3	**Macht und Solidarität**	34
4	**Der persönliche Hintergrund**	35
4/1	Glaubenssätze	35
4/2	Innerer Dialog	38
4/3	Systeme	39
4/4	Ziele	42
4/5	Stärken/Schwächen	43
4/6	Persönlichkeit	45
4/7	Selbstsicherheit	49
4/8	Angst und Hemmung	52

5 Körpersprache . . . 58

6 Kann man Schlagfertigkeit lernen? . . . 64

6/1 Fünf Phasen des Umlernens . . . 65

7 Techniken einsetzen . . . 67

8 Strategien für spezielle Fälle . . . 77

8/1 Umgang mit aggressiven Zeitgenossen . . . 77
8/2 Nonverbale Strategien . . . 78
8/3 Spielen mit der Lautstärke . . . 79
8/4 Ausstieg aus dem Tanz . . . 80
8/5 Die Feldherrnperspektive . . . 81
8/6 Auf emotionale Angriffe sachlich reagieren . . . 82
8/7 Fast jeder ist ein guter Tänzer . . . 84
8/8 Engelchen und Teufelchen . . . 84
8/9 Angriff oder Flucht . . . 85
8/10 Ruhig bleiben . . . 86
8/11 Der Ton macht die Musik . . . 90
8/12 Zuhören . . . 92
8/12.1 Spiegeln . . . 93
8/12.1.1 Regeln des Spiegelns . . . 93

9 Fragen – Eine Variante rhetorischer Vielfältigkeit bei der Abwehr von verbalen Angriffen . . . 95

9/1 Der Angriff in Frageform . . . 97
9/2 Frage und Gegenfrage . . . 97
9/3 Offene Fragen . . . 99
9/4 Geschlossene Fragen . . . 100
9/5 Ja- oder Nein-Fragen . . . 100
9/6 Wissensfragen . . . 101
9/7 Direkte und indirekte Fragen . . . 102
9/8 Provokative Fragen . . . 103
9/9 Karikierende Fragen . . . 104

10 „Dumme Fragen“ . . . 106

11 Toleranz, Empathie, Authentizität und Kongruenz . . 108

12 Weitere Kontermöglichkeiten bei verbalen Angriffen . . . 111

12/1 Kontern durch Erweitern . . . 111
12/2 Herunterspielen bzw. Kontern durch Herunterspielen . . . 112
12/3 Drastifizieren . . . 112
12/4 Frage immer nach Interessen, nie nach Schuld 114
12/4.1 Die eigene Interessenlage zählt . . . 118

13 Auswirkungen und Folgen von verbalen Angriffen und arbeitsrechtliche Einordnung . . . 120

13/1 Handlungsmöglichkeiten des Betriebs- und Personalrats . . . 122

14 Verbale Angriffe – lassen Sie es nicht so weit kommen! . . . 128

Literaturliste . . . 131

Danke

für die Unterstützung von unterschiedlichster Seite bei den Kolleginnen und Kollegen von Arbeit und Leben Detmold, bei Andreas Schmitt für die Korrekturarbeiten, bei Uschi Schmitt für ihre von uns erhoffte Großzügigkeit. Vielen Dank an unsere Ehepartner Marianne und Uli für die manchmal unerwartete Gelassenheit und die alltägliche Großzügigkeit, die es möglich machten, dass dieses Buch geschrieben werden konnte.

Ach ja: „Es ist gut, wenn man miteinander reden kann“ (alte Fischer'sche Familienweisheit) – Danke (C.).

Anmerkung

Die Lesbarkeit des Buchs ist uns wichtig. Dennoch haben wir lange darüber gestritten, ob die weibliche oder die männliche Form zur Anwendung kommen soll. Letztlich hat unser Korrektor eine vorläufige Entscheidung darüber getroffen und eigenmächtig die männliche Version bestimmt. Zeitdruck und die Tatsache, dass wir den Text schon zehnfach gelesen haben, hinderte uns in dieser Frage daran, das Buch komplett umzuarbeiten. Der Konflikt befindet sich noch in Stufe 1. Einen Punkt haben wir jedoch abschließend geklärt: Bei zukünftigen Projekten bitten wir eine Freundin (falls sie bis dahin nicht der Autorin wegen Verrats am eigenen Geschlecht den Kopf abgerissen hat), uns Hilfestellung hinsichtlich stilistischer Fragen zu leisten. Damit könnten wir dem Ziel, die angestrebte emanzipatorische Schreibweise einzuführen, gerecht werden. Für dieses Buch bitten wir alle Leserinnen, sich auch durch die männliche Schreibweise angesprochen und wertgeschätzt zu fühlen.

Autorenverzeichnis

Christiane Fischer, Diplom-Psychologin, psychologische Psychotherapeutin, Kinder- und Jugendlichenpsychotherapeutin, arbeitet als niedergelassene Verhaltenstherapeutin in eigener Praxis mit Kindern, Jugendlichen und Erwachsenen. Sie ist als Referentin für Arbeit und Leben Detmold e.V. tätig, wo sie u.a. Seminare zum Thema verbale Angriffe hält.

Jürgen Reitemeier, Diplom-Sozialpädagoge, Geschäftsführer bei Arbeit und Leben Detmold e.V., Dozent an der FH Bielefeld, Fachbereich Sozialwesen, arbeitet in der Erwachsenenbildung mit dem Schwerpunkt Politische Bildung und im Bereich Erziehungswissenschaften zum Thema Gewaltprävention und Mediation und Streitschlichtung.

Einleitung

Schreibt man ein Buch, so werden in der Einleitung meist die Ziele der Autoren benannt. Man schreibt etwas über die Beweggründe, also warum es geschrieben wurde. Oft wird dann darauf eingegangen, warum gerade diese oder jene Inhalte von besonderer Wichtigkeit sind.

Das wollen wir in dieser Einleitung natürlich auch. Wir möchten dabei in diesem Buch insbesondere teilnehmerorientiert vorgehen. Das heißt, wir wollen unsere Überlegungen und Theorien so darstellen, wie wir glauben, dass die meisten Leserinnen und Leser es schon einmal erlebt haben. Oder besser, da es sich um Konflikte handelt, es am eigenen Leibe schon einmal zu spüren bekamen.

Beginnen wir also mit einem Beispiel, das sicherlich 80 bis 90 Prozent aller Betriebs- bzw. Personalräte gut nachvollziehen können. Die folgende Schilderung haben sicher die meisten von Ihnen so bzw. so ähnlich schon einmal erlebt:

Der Abteilungsleiter „Miesepriem" ist der Meinung, dass Betriebsratstätigkeiten völlig unnötig sind und das Betriebsratsbüro von den Kollegen in erster Linie während der Arbeitszeit genutzt wird.

Diese – seine ganz private Meinung – behält er nicht für sich, sondern teilt sie jedem mit, der sie hören will oder auch nicht.

Das bleibt nicht ohne Folgen. Einige Beschäftigte greifen ebenfalls auf die „Kaffeetrinker-Theorie" zurück und versuchen – vielleicht nur aus Spaß – die Betriebsratsmitglieder der Abteilung zu ärgern. Dies führt bei den Kollegen natürlich zu Frust. Sie fühlen sich persönlich diskriminiert und beginnen ihrerseits, Schwächen beim Abteilungsleiter festzustellen. Die Stimmung in der Abteilung, aber auch im Betriebsratsgremium verschlechtert sich. Beide Seiten fühlen sich in ihren Vorurteilen mehr und mehr bestätigt. Immer, wenn die beiden Kollegen „Hans Dampf" und „Karl Knall" ihrer Betriebsratstätigkeit nachgehen, glauben sie, Getuschel und verdeckte Unmutsäußerungen wahrzunehmen. So führt ihre Betriebsratstätigkeit bei ihnen zu Unbehagen. Das anfänglich nur vage Gefühl, die anderen Beschäftigten der Abteilung wertschätzten ihre Arbeit als Betriebsräte nicht genug, verfestigt sich immer mehr. Sie verlieren die Lust an ihrer Tätigkeit, verrichten sie nur noch halbherzig, nehmen ihre Möglichkeiten, im Sinne der Beschäftigten zu handeln, nur noch bedingt wahr und reagieren bei der geringsten Bemerkung von Kollegen mit Verärgerung.

Eines Morgens – Dampf und Knall wollen sich gerade auf den Weg zur Betriebsratssitzung machen – kommt wieder einmal ein Spruch von Abteilungsleiter Miesepriem: „Na, mal wieder 'ne Runde bezahltes Kaffeetrinken?" – Hans Dampf sieht rot!

Wenn in Radiosendungen und Zeitungsartikeln über das Thema verbale Angriffe berichtet wird, so werden in diesen Veröffentlichungen Tipps und Tricks in Sachen „Kampfrhetorik" und Schlagfertigkeitsmethoden zum Besten gegeben.

In dem hier vorliegenden Buch wollen wir diesen Bereich natürlich auch behandeln, doch in erster Linie schreiben wir es, um den Lesern, die mit dem Problem verbaler Angriffe konfrontiert werden, Möglichkeiten der friedvollen und konstruktiven Auseinandersetzung an die Hand zu geben. Neben den auf Friedfertigkeit ausgerichteten Lösungsstrategien ist es unser Ziel, dem Leser Ansätze zu liefern, die eine konstruktive Lösung beinhalten. Gelingt dem Angegriffenen jedoch neben der konstruktiven Lösung, einen friedlichen Ausgang herbeizuführen, auch noch ein geschickter „Konter", der nicht verletzt, sondern die Situation entkrampft und den Lösungsprozess einleitet, so ist dies sozusagen das „Sahnehäubchen" im Umgang mit verbalen Angriffen.

Bleiben wir einmal beim Kaffeetrinken und beim Begriff „Sahnehäubchen" – sicherlich je nach Geschmack neben aufgeschäumter Milch die Krönung einer jeden Tasse Cappuccino! Doch bis dieses Häubchen den Kaffeegenuss vollendet, ist oft ein langer Prozess mit mehreren Arbeitsgängen vorausgegangen.

Der Kaffee musste geerntet werden, die Bohnen wurden gemahlen und geröstet. Weiter wird er aufgebrüht, in eine Tasse gegossen und zu guter Letzt mit dem oben angeführten Sahnehäubchen gekrönt.

Genauso wichtig wie der technische Ablauf, der hinter einer guten Tasse dieses für viele Menschen unverzichtbaren Lebenselixiers steht, sind die Erfahrungswerte desjenigen, der sie aufbrüht. Welchen Kaffee wählt er aus, welche Menge, welche Tasse und für welche Aufbrühmethode entscheidet er sich? Dies sind nur einige Punkte aus dem Fundus des Erfahrungsschatzes „Kaffee kochen", die, wie oben erwähnt, ebenso wichtig sind wie der technische Ablauf, damit man am Ende die heiß geliebte Tasse vor sich stehen hat.

Warum dieser Vergleich? Nun, ebenso verhält es sich mit dem Umgang mit verbalen Angriffen. Auch hier verbergen sich viele Kommunikationstechniken und Erfahrungswerte, die es ermöglichen, z.B. Körpersprache richtig zu deuten sowie eigene Emotionen und Sichtweisen zu kennen und akzeptieren oder verändern zu können.

Ach ja, genau wie beim Kaffeekochen gehört zu jeder gelungenen Abwehr verbaler Angriffe ein Quäntchen Glück sowie eine Prise Zufall. Und wenn dann alle „Zutaten" stimmen, ist der richtige „Konter" auf einen verbalen Angriff genau wie das berühmte Sahnehäubchen, das den Kaffee unvergleichlich werden lässt, viel besser als ein schnödes Stück Butterkuchen, das man an jeder Ecke bekommen kann!

Regeln

Regel Nr. 1 – Gefahr erkannt – Gefahr gebannt!

Bei drohender Gefahr eines verbalen Angriffs so früh wie möglich präventiv reagieren, wenn eine friedvolle emanzipatorische Gesprächssituation erzeugt werden soll!

Regel Nr. 2 – Möglichst die Ruhe bewahren und nicht schreien!

„Wer schreit, hat Unrecht." Das stimmt zwar nicht immer, aber es wird einem schnell unterstellt. Gehen Sie auf keinen Fall auf die Inhalte der Angriffe ein und versuchen Sie sich keinesfalls zu rechtfertigen oder den Gegenangriff auf ähnliche Art und Weise zu starten. Äußern Sie eher Ihre Betroffenheit über die ungerechte Art, die Ihnen widerfährt. Teilen Sie Ihre Gefühle über die Verletzungen mit, die Ihnen widerfahren sind, und wünschen Sie sich eine sachliche Gesprächsebene.

Regel Nr. 3 – Steigen Sie aus dem „Tanz" aus!

Beenden Sie das eingefahrene Verhaltens- und Streitmuster. Reagieren Sie anders als sonst. Überraschen Sie den Gegner mit unvorhergesehenen Verhaltensweisen!

Regel Nr. 4 – Der Weg ist das Ziel!

Wer ständig aggressiv reagiert, hat keine Alternativen. Zeigen Sie sie dem Gegner! Bedenken Sie, dass die Aggressivität mit den Gefühlen des Gegners, nicht mit Ihrer Person zu tun hat. Bringen Sie ihm Verständnis entgegen und bieten Sie ihm die Möglichkeit, sein Verhalten zu ändern.

Regel Nr. 5 – Ein zartes Stimmchen kann Mauern zum Einstürzen bringen!

Wenn der Kontrahent laut wird, werden Sie leise (siehe Regel Nr. 2)! Spielen Sie mit der Lautstärke. Zwingen Sie Ihren Gegner zum Zuhören, indem Sie (statt zurückzubrüllen) leiser werden.

Regel Nr. 6 – Hurra! Ein Konflikt!

Wenn ein Konflikt droht, gehen Sie ihn an, nicht ihm aus dem Weg! Jeder Konflikt bietet Chancen zur Lösung und zu neuen Wegen und Erkenntnissen, Weisheiten ...

Regel Nr. 7 – Die Dosis macht das Gift!

Eine schlagfertige Antwort bedeutet nicht, dass der Kontrahent doppelt so hart verletzt wird, wie er es mir angetan hat. Es geht nicht darum, härter zuzuschlagen, sondern darum, wieder eine konstruktive Gesprächsebene zu finden. Ein Quäntchen Boshaftigkeit genügt.

Regel Nr. 8 – Niemals mit Kanonen auf Spatzen schießen!

Überprüfen Sie, ob Ihre Souveränität durch einen verbalen Angriff wirklich bedroht ist. Oder haben Sie lediglich das Gefühl des Gesichtsverlusts? Differenzieren Sie! Wägen Sie in der Wahl Ihrer Mittel ab, wie starke Geschütze Sie auffahren wollen. Greifen Sie nicht gleich zum stärksten Kaliber, Sie könnten es später noch gebrauchen. Ungebührlich hartes Zurückschlagen bringt Sie nicht in eine günstigere Position, sondern schwächt Sie nur. Schnell kommen Sie von der Opfer- in die Täterrolle!

Regel Nr. 9 – Nicht jeder kann Churchill sein!

Vorbilder stehen im Wege, wenn es um Schlagfertigkeit geht. Die schlagfertigen Verhaltensmuster müssen sowohl zu Ihnen wie zur Situation passen. Wenn jeder weiß, dass Sie regelmäßig Anleihen bei Eddy Murphy nehmen, heißen Sie bald selber so.

Regel Nr. 10 – „Humor ist der Knopf, der verhindert, dass einem der Kragen platzt!" (Ringelnatz)

Sind Sie einem verbalen Angriff ausgesetzt, der boshaft oder bösartig ist, sollten Sie mit Humor kontern. Eine witzige Antwort kann den Gegner buchstäblich entwaffnen und wahrt Ihre Souveränität. Darüber hinaus wechseln Sie die Ebene (= Ausstieg aus dem Tanz), wenn Sie nicht auf die verbale Attacke eingehen. Lediglich für Angriffe, die unter die Gürtellinie gehen, eignet sich Humor nicht. In diesem Fall sollten Sie erst einmal auf mitteleuropäischen Höflichkeitsriten bestehen.

Zu diesem Buch

Das Buch ist in zwei Bereiche aufgegliedert. Neben einem Theorieteil mit Übungen weist es einen Praxisblock auf, in dem nähere Informationen zu den einzelnen Techniken enthalten sind.

Was die Techniken angeht, so haben wir uns auf die wesentlichen beschränkt. Wer diese beherrscht, verfügt über Grundkenntnisse, die nahezu unbeschränkt erweiterbar sind. Besonders empfehlen möchten wir in diesem Zusammenhang die von uns verwendete Fachliteratur.

Auch wenn die Techniken recht anschaulich dargestellt sind und auf den ersten Blick leicht erlernbar scheinen, so erfordert die sichere Anwendung doch ein hohes Maß an Übung.

Für alle diejenigen, die dieses Buch für ihre praktische Arbeit verwenden möchten, um ihre Arbeits- und Umgangsformen entsprechend zu verändern, empfehlen wir zusätzlich die zu diesem Themenkomplex zahlreich angebotenen Fortbildungsmöglichkeiten. Wer die Problematik eines Selbststudiums selbst einmal erlebt hat, weiß, wovon wir sprechen!

1 Verbale Angriffe

Im Folgenden sollen einige Informationen über das Zustandekommen verbaler Angriffe vermittelt werden. Gleichzeitig wird der Zusammenhang zwischen Konflikten und verbalen Angriffen herausgestellt.

1/1 Definition von verbalen Angriffen/Konflikt

Als verbalen Angriff bezeichnet man einen Angriff mit Worten in der Absicht, zu verletzen oder zu kränken (oder der tatsächlich verletzt, ohne dass eine Absicht unterstellt werden könnte).

Häufig ist hierbei ein bestimmtes Überraschungsmoment zu erkennen. Der Angriff wird sozusagen aus dem Nichts heraus erlebt. Er verletzt unsere Souveränität, unsere Unversehrtheit und Gelassenheit.

Wird der Angriff mit einem Gegenangriff beantwortet, entsteht ein Streit. Die Kontrahenten verletzen sich gegenseitig.

Ein verbaler Angriff erfolgt in der Regel im Rahmen eines Konflikts. Hierbei ist es notwendig, sich den Ablauf eines Konflikts zu vergegenwärtigen. Die Konfliktentwicklung verläuft entsprechend der nachfolgend dargestellten Kurve:

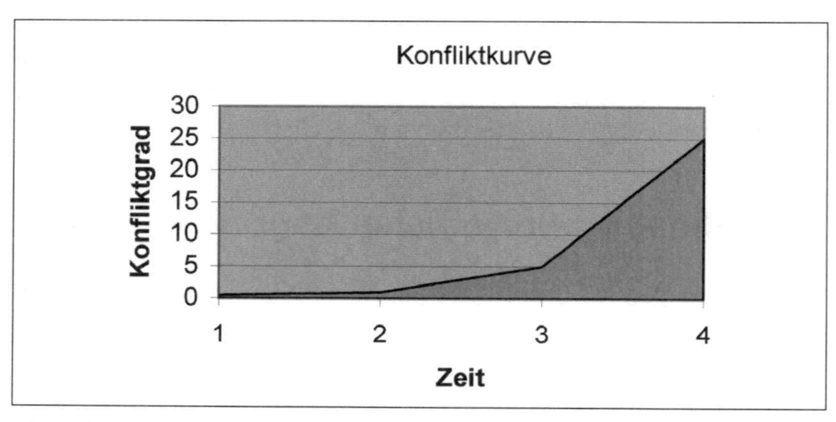

Abbildung: Konfliktkurve

- *Erster Zeitpunkt:* Eine Person fühlt sich durch ein Missverständnis auf der Sachebene gestört, thematisiert das Problem jedoch nicht.
- *Zweiter Zeitpunkt:* Das weiterhin ungelöste Sachproblem steigert den Ärger der betroffenen Person; es kommt zur Kontaktmeidung sowie zu leichten verbalen Angriffen.
- *Dritter Zeitpunkt:* Das Sachproblem tritt in den Hintergrund, Emotionalität und Ärger bestimmen Gefühl und Handeln. Es kommt zur „inneren Emigration", zu häufigen Unmutsäußerungen, Nörgeleien, härteren verbalen Angriffen und typbedingt zu Wutausbrüchen.
- *Vierter Zeitpunkt:* Die Auseinandersetzung eskaliert, es kommt zu einem offenen Konflikt, das beinhaltet Verletzungen, Gesichtsverlust usw.

Um es erst gar nicht zu verbalen Angriffen kommen zu lassen, sollten daher folgende Regeln beachtet werden:

- Der Konflikt muss so früh wie möglich behandelt werden.
- Die Beteiligten müssen lernen, Störungen sofort zu erkennen und zu thematisieren.

- Kommt es zur offenen Eskalation, müssen die Streitparteien so schnell wie möglich getrennt werden; der Konflikt muss umgehend bearbeitet werden.
- Das nächste unkontrollierte Aufeinandertreffen der Streitenden wird heftiger als das vorhergehende.[1]

Daher ist es also sinnvoll, in einem möglichst frühen Stadium des Konfliktverlaufs Lösungsschritte einzuleiten. Dafür müssen die Störungen, der Ärger, die Missverständnisse früh erkannt bzw. wahrgenommen werden. Warum fühlt sich Person A im Beisein einer bestimmten Kollegin oder in einer bestimmten Situation (z.B. Teamsitzung) unwohl? Was genau stört Sie hier? A muss lernen, diese Gefühle zu erkennen und anzusprechen.

1/2 Wahrnehmung von Konflikten

Verbale Angriffe und Konflikte sind untrennbar miteinander verbunden. Dabei ist davon auszugehen, dass zunächst der Konflikt vorhanden ist und aus der Konfliktsituation heraus der verbale Angriff erfolgt. Man kann aber nicht auf jeden Fall davon ausgehen, dass die Person, gegen die sich ein verbaler Angriff richtet, unmittelbar am Konflikt beteiligt ist. Oft trifft es den Schwächeren oder denjenigen, der zufällig gerade zugegen ist.

Besinnen wir uns auf das Konfliktbeispiel aus der Einleitung. Es geht um den Abteilungsleiter Miesepriem und den Betriebsratskollegen Hans Dampf. Ab dem Zeitpunkt, an dem die beiden Kontrahenten den Konflikt erstmals bewusst wahrgenommen haben, hat sich ihre Sichtweise in Bezug auf die Auseinandersetzung ständig verändert. Gleichzeitig änderte sich auch ihr Verhalten, das mit dem Konflikt in unmittelbarem Zusammenhang stand. Man kann also die Wahrnehmung eines Konflikts und das daraus resultierende, individuelle Verhalten nicht getrennt voneinander betrachten.

Zurück zum Eingangsbeispiel. Die anfänglichen Nörgeleien von Abteilungsleiter Miesepriem lösten zwar Ärger bei Hans Dampf

[1] vgl. Reitemeier, Jürgen: Mediation und Streitschlichtung. (S. 32 f.)

aus, beeinflussten sein Verhalten aber nur minimal. Er verhielt sich in etwa nach dem Motto: „Wenn ich nicht darauf reagiere, wird er schon damit aufhören. Im Übrigen ist Miesepriem sowieso ein ...!“

Bei beginnenden oder nicht ernst genommenen Konflikten tritt also fast keine Verhaltensänderung ein.

Im zweiten Wahrnehmungszeitpunkt werden dann die sich ständig wiederholenden Angriffe Miesepriems zu einer Belastung. Verstärkt wird diese noch dadurch, dass andere Kollegen ihn dabei unterstützen.

Die Folge: Die Angriffe treffen Hans Dampf. Er muss immer mehr Kraft aufbringen, um sie an sich abprallen zu lassen. Diese Kraft fehlt ihm in seiner täglichen Betriebsratsarbeit. Für Außenstehende wirkt er gleichgültig und motivationslos.

Gegen Ende des Konflikts kann dann fast zwangsläufig nur ein Wutausbruch folgen. An dieser Stelle zu sagen, der Wutausbruch Hans Dampfs war ein Fehler, ist übrigens so nicht richtig. Es war in Ordnung! Hans Dampf war wütend, unendlich wütend! Also musste er diese Wut auch äußern. Er konnte sie nur eine bestimmte Zeit unterdrücken. Jetzt war sie da und jetzt sorgte sie auch dafür, dass sie wahrgenommen wurde.

Über die Form, wie sie zum Ausbruch kam, könnte man natürlich diskutieren. Die Frage könnte lauten: Warum hast du es so weit kommen lassen? Erklärungsansätze findet man in der schon dargestellten Konfliktkurve, außerdem werden im Verlauf des Buchs noch einige erörtert.

Da also ein verbaler Angriff Bestandteil einer Konfliktsituation ist, soll nachfolgend der Konflikt definiert werden, um etwas mehr Klarheit zu schaffen.

1/3 Der Konflikt – ein Definitionsversuch

„Das Wort Konflikt ist eine Ableitung vom lateinischen Wort ‚conflictus', was so viel bedeutet wie aufeinander stoßen. Betrachtet man aber den lateinischen Wortstamm genauer, so beinhaltet der Begriff ‚conflictatio' zwei unterschiedliche Definitionen, einerseits die ursprünglich mechanische Bedeutung des Aufeinanderstoßens zweier Körper und andererseits die eher übertragene dynamische Bedeutung, die sich auf eine verbale und eine körperliche Ebene bezieht, nämlich Streit, Diskussion und Kampf."[2]

Der Konfliktbegriff wird, je nachdem von wem er benutzt wird, unterschiedlich definiert bzw. es gibt verschiedenste Betrachtungsweisen.

„Verwendet ein Psychologe z.B. den Begriff Konflikt, so meint er wahrscheinlich in erster Linie den, der sich im Inneren des Menschen abspielt. Verwenden Medien dagegen diesen Begriff, so meinen sie meist eine Auseinandersetzung zwischen Personen, Parteien, sozialen Schichten oder gar Nationen. Bei genauerem Hinsehen stellen wir jedoch fest, dass beide Seiten, also die Konflikte, die sich in unserem Inneren abspielen, wie auch die, die wir im alltäglichen Leben beobachten, meist sehr eng miteinander verknüpft sind."[3]

Wenn der Begriff Konflikt benutzt wird, steht er meist in einem negativen Kontext. Das Wort Konflikt wird häufig mit Auseinandersetzung, Kampf oder Streit gleichgesetzt, was natürlich unserem Streben nach Harmonie abträglich ist. Darüber hinaus sind Konflikte „Zeitfresser".

„Können Sie sich vorstellen, pro Woche einen ganzen Arbeitstag nur für die Lösung von Konflikten zu verwenden? Aber genau dies tun Führungskräfte. Nach einer amerikanischen Untersuchung benötigen Führungskräfte etwa ein Fünftel ihrer Arbeitszeit dafür. Übertragen auf unsere Arbeitsverhältnisse bedeutet das, dass ein

---

2 Reitemeier, Jürgen: Mediation und Streitschlichtung, (S. 24)
3 s. auch Rocheblave-Spenle, Anne-Marie: Psychologie des Konfliktes.

Tag pro Woche dem Verhindern, Aufdecken oder Bearbeiten von Konflikten dient.“[4]

„Aber jeder Konflikt – besonders, wenn er konstruktiv ausgetragen wird – beinhaltet auch Möglichkeiten der Veränderung, der Verbesserung, des Fortschritts, der Meinungsvielfalt, der Diskussion und der Lösung von Problemen. Daher sollte man spätestens jetzt einen Konflikt auch als etwas Positives, als Chance begreifen.“[5]

Diese Chance rinnt uns jedoch wie Sand durch die Finger, wenn jemand in einer solchen Situation sein Gegenüber verbal angreift. Obwohl sich solche Aktionen lautstark anhören, tritt jedoch meist mit dem ersten lauten Wort, mit der ersten aggressiven Artikulation Sprachlosigkeit ein.

Genau an dieser Stelle setzen die Methoden und Inhalte des Buchs an. Wer dieses Buch gelesen und sich die Inhalte zu Eigen gemacht hat, wird nicht mehr als „rhetorische Kampfmaschine“ auftreten müssen, sondern sollte durch die richtige Wortwahl oder die richtige Aktion den Ausweg aus der Sprachlosigkeit aufzeigen und den gerade bestehenden Konflikt wieder zu einem kreativen Prozess werden lassen, der vielfältige positive Veränderungen in sich birgt.

In diesem Zusammenhang ist es wichtig, dass er seine Herangehensweise an Konflikte so strukturiert, dass dieser Vorgang als positiv begriffen wird. Anstatt „Oh Gott, ein Konflikt“ auszurufen, sollte der erste Gedanke sein: „Interessanter Konflikt! Ich werde ihn lösen!“

Richtig ist, dass eine solche Denkweise Selbstbewusstsein erfordert. Ohne Selbstbewusstsein bleibt es unmöglich, einen Konflikt mit konstruktiven Mitteln zu lösen. Aber – es stellt sich natürlich die bekannte Frage: Woher nehmen …

---

[4] Höher, Peter/Höher, Friederike: Konflikte kompetent erkennen und lösen. (S. 12)
[5] Reitemeier, Jürgen: Mediation und Streitschlichtung. (S. 25)

Eines ist klar: Selbstbewusstsein ist nicht eine von Gott gegebene Gabe, sondern muss vielmehr erworben werden. Eine wichtige Voraussetzung, um selbstbewusst auftreten zu können, ist das Bewusstsein über das eigene Können, die eigene Sicherheit. Das Wissen also, einen Konflikt konstruktiv angehen zu können, ausreichend Handwerkszeug zur Verfügung zu haben, ihn auszutragen, gleichzeitig aber kreativ zu sein mit dem Ziel, ihn lösen zu wollen. All dies trägt zum Selbstbewusstsein bei und ist somit neben den eben genannten Fähigkeiten „die halbe Miete".

1/4 Konfliktanalyse

Im Gegensatz zu einer Situation, in der ein Konflikt strukturiert angegangen wird, mit dem Ziel, ihn zu lösen, ist das Agieren nach einem verbalen Angriff ein grundsätzlich anderes Problem. In einer Situation, in der ein verbaler Angriff erfolgt, schenkt man den Entstehungsursachen in der Regel keine große Aufmerksamkeit. Vielmehr ist man versucht, Gleiches mit Gleichem zu vergelten. Doch eins sei an dieser Stelle bemerkt: Der Konter auf einen verbalen Angriff sollte nicht dazu dienen, jemanden vernichtend zu „schlagen", sondern vielmehr, ihn auf „Augenhöhe" zu bringen, d.h. eine Situation zu schaffen, in der beiden am Konflikt Beteiligten die Möglichkeit bleibt, sich emanzipatorisch, also gleichberechtigt gegenüberzutreten. Doch ist es sicherlich sinnvoll, nach einer lautstarken Auseinandersetzung ein paar Gedanken über den Konflikt und dessen Ursachen zu verlieren.

Drei Ebenen der Konfliktlösung

Grundsätzlich ist zu sagen, dass in allen vorherrschenden Konflikten drei Grundelemente zu erkennen sind: Interesse, Regeln und Macht. Daraus ergeben sich zwangsläufig auch Lösungswege, die auf diesen drei Grundmustern aufbauen.

Interessenlösung

Die Konfliktparteien suchen gemeinsam eine die Interessen ausgleichende Lösung.

Werden die drei Lösungswege unter den besonderen Bedingungen betrachtet, die in Betrieben vorherrschen, wird schnell klar, dass es kaum möglich ist, im Konfliktfall nur von den Interessen der Beteiligten auszugehen. Jeder Betrieb unterliegt marktwirtschaftlichen Handlungsmaximen, hat eine entwickelte, eindeutig hierarchische Struktur und ein ausgebautes Regelsystem. Im „System" eines Wirtschaftsunternehmens ist es erforderlich, jederzeit die Funktionsfähigkeit aufrechtzuerhalten. Ein Großteil der auftretenden Konflikte wird daher mit auf Regeln und/oder auf Macht basierenden Strategien zu lösen sein. Gerade hier liegt aber auch das Problem. In den meisten Betrieben herrscht ein Klima, das nicht gerade förderlich ist, den Arbeitnehmer bewusst mit Problemen umgehen zu lassen. Deshalb besteht hier fast automatisch ein Übergewicht von Macht/Regel-Lösungen.

Machtlösung

Die jeweilige Machtposition wird eingesetzt, um Interessen durchzusetzen, hierarchische Instanzen beenden den Konflikt.

Regellösung

„Regeln, Normen oder Rechtspositionen bestimmen den Konflikt."[6]

Klar ist, dass bei einer Dominanz von Regeln und Macht verbale Angriffe gehäuft als Lösungsmodell gewählt werden. Differenziert man nun weiter, so wird man feststellen, dass in der Hierarchie höher angesiedelte Personen häufiger zu verbalen Übergriffen auf Untergebene neigen als umgekehrt.

Wer in der Hierarchie niedriger angesiedelt ist, wird verbale Angriffe auf Vorgesetzte nur aus Verzweiflung zulassen oder als Antwort auf eine vorausgegangene Verletzung.

Ein hierarchischer Unterschied ist aber nur ein Teil der zu beachtenden Aspekte im weiten Feld der Ursachen für verbale Angriffe. Weitere Ursachen können z.B. länger andauernde ungelöste Kon-

---

[6] Reitemeier, Jürgen: Mediation und Streitschlichtung. (S. 33), vgl. Faller, Kurt: Mediation in der päd. Arbeit. (S. 30)

flikte, permanenter Stress, Missverständnisse, Antipathien gegenüber bestimmten Personen, Beleidigungen und vieles andere mehr sein. Oft ist die Ursache auch eine diffuse Mischung aus all den oben genannten Faktoren.

2 Bedeutung von Sprache

Sprache ist das wichtigste Mittel der zwischenmenschlichen Verständigung. Sprache ist mehr als die Worte, die gesprochen werden. Wer hat nicht schon verächtlich die Nase gerümpft, die Augenbrauen hochgezogen als Zeichen von Unverständnis oder Zweifel, die Mundwinkel in Ablehnung oder Ekel verzogen? Auch mit dem Gesicht und der Mimik kann „gesprochen" werden, sogar mit dem ganzen Körper werden Gefühle ausgedrückt. Hängende Schultern vermitteln Trauer oder Ratlosigkeit, geöffnete und vorgestreckte Hände gelten als Willkommensgeste oder Einladung. Die rechte Hand zum Gruß zu reichen soll z.B. eine alte Sitte aus Ritterzeiten sein. Da galt die rechte Hand als Schwerthand. Die leere Schwerthand zu reichen und die des möglichen Gegners zu halten, ihm dabei in die Augen zu sehen, war eine Form, sich dessen friedfertiger Absicht zu versichern.

Egal wie der Mensch sich verhält, er wirkt stets auf andere, vermittelt ihnen Informationen. Selbst Schweigen und das Vermeiden von Blickkontakt ist Kommunikation. Paul Watzlawick spricht von der „Unmöglichkeit, nicht zu kommunizieren ... Handeln oder Nichthandeln, Worte oder Schweigen haben alle Mitteilungscharakter: Sie beeinflussen andere, und diese anderen können ihrerseits *nicht* nicht auf diese Kommunikationen reagieren und kommunizieren damit selbst."[7]

Ferner hat jede Kommunikation einen Inhalts- und einen Beziehungsaspekt. Dabei bestimmt die Beziehung den Inhalt. Die Beziehung wiederum ist abhängig davon, welche Bedeutung dem Gespräch, der Kommunikation durch die Gesprächspartner zugeschrieben wird. In einem Vorstellungsgespräch wird die Beziehung, somit auch der Inhalt, ganz anders bewertet als z.B. in einer Betriebsratssitzung.[8]

Jede Kommunikation ist also abhängig davon, ob die Beziehung zwischen den Partnern auf Gleichheit oder Unterschiedlichkeit

---

[7] Watzlawick, Paul/Beavin, Janet H./Jackson, Don D.: Menschliche Kommunikation. Formen, Störungen, Paradoxien. (S. 50 f.)

[8] vgl. ebenda

beruht und welche Bedeutung das Gespräch hat. Die Kommunikation selbst besteht aus dem gesprochenen Wort und der Körpersprache. Das gesprochene Wort verfügt über Bedeutung und Symbolik, die jedoch die Körpersprache nicht oder nur unzureichend beschreiben kann. Körpersprache hat auch eine Bedeutung, nicht aber eindeutige oder logische Symbolik. Verschränkte Arme können z.B. gelassenes Zuhören, aber auch Abwehrhaltung bedeuten. Die Bedeutung wird erst im Zusammenhang mit dem gesprochenen Wort deutlich[9] (zur Bedeutung von Körpersprache siehe auch Kapitel 5).

Dabei kann die Beschimpfung eine Folge von persönlichen Problemen sein, die zu Hilflosigkeit und negativen Gefühlen und Gedanken führen. Gleichzeitig kann auch die Beschimpfung selbst negative Gefühle und Gedanken auslösen, die zu Hilflosigkeit und persönlichen Problemen führen.[10]

Beschimpfung/körperliche Aggression		
↓	Gefühle/Gedanken	↑
↓	Hilflosigkeit	↑
↓	Probleme/Not[11]	↑

In dem Schema kann man sich in jede Richtung bewegen.

Man kann jeweils entscheiden, auf welcher Stufe man sich angesprochen fühlen und reagieren will. Auf die Beschimpfung und die Aggression kann z.B. mit Gegenaggression reagiert werden oder eben mit Techniken der Schlagfertigkeit und der Streitschlichtung. Auf der Ebene der Gefühle und Gedanken kann mit der Erforschung der eigenen Gefühle und Gedanken reagiert werden. Der Hilflosigkeit des anderen kann mit Verständnis begegnet werden. Auch die persönlichen Probleme können zu Verständnis oder sogar Hilfeleistung führen. Wichtig ist jedoch, sich darüber im Klaren zu sein, auf welcher Ebene man sich gerade befindet und in welche Richtung man sich bewegt – hin zur Aggression oder hin zu Verständnis und Streitschlichtung.

9 Molchow, Sammy: Körpersprache im Beruf
10 vgl. Miller, Reinhold: Sie Vollidiot! Von der Beschimpfung zum konstruktiven Gespräch (S. 93)
11 ebenda

2/1 Entwicklung von Sprache

Wie man sich im Kontakt zu anderen Menschen verhält, ist geprägt davon, wie man selbst mit Sprache aufgewachsen ist. Woher die Eltern stammen, wo man aufgewachsen ist, welcher Altersklasse und sozialen Schicht man angehört, welchen Beruf man erlernt hat – all das sind Faktoren, die unsere Art zu sprechen beeinflussen. So kann die ethnische Herkunft der Eltern, auch wenn man selbst bereits in diesem Land geboren und aufgewachsen ist, das Sprachverhalten sehr beeinflussen. Wie stark spricht man z.B. durch Gesten? Wie stark bringt man Gefühle zum Ausdruck? Welcher Abstand zwischen zwei Gesprächspartnern wird für angemessen gehalten? Im westlichen Sprachraum wird z.B. der Abstand einer Armlänge als angenehm empfunden[12] (siehe auch Kapitel 5).

Im Laufe des Heranwachsens kommen mehr Einflüsse über Schule und Freundeskreis hinzu. Ebenfalls eine große Rolle spielt die Gegend, in der man lebt. Wie geht man mit Fremden um, werden sie zunächst nicht beachtet oder nimmt man sie sofort freundlich auf? Regionale Unterschiede im sprachlichen Verhalten sind Inhalte vieler Ostfriesen-, Bayern-, Lipper- und anderer Witze.

So heißt es z.B. von den Lippern, dass sie auf etwas, was sie nicht mögen, entgegnen: „Wer's mag." Finden sie etwas, was ihnen gut schmeckt, so sagen sie: „Kann man wohl essen." Sind sie jedoch absolut begeistert, so sagen sie (in schleppendem Tonfall): „Kannste nix von sagen."

Über italienische (und weitere südeuropäische) Sprachstile wissen wir, dass eine ausgeprägte Gestik und Mimik dazugehört, die im nördlichen Sprachraum weniger verbreitet ist.

Ein Beispiel: Eine Kollegin wollte auf einem italienischen Polizeirevier Anzeige erstatten. Sie wurde zugunsten anderer Leute immer wieder vertröstet. Schließlich ging sie zum Schalter und begann laut rufend und wild gestikulierend ihre Beschwerde vorzubringen. Sie wurde umgehend ernst genommen. Man hatte ihr

[12] Molchow, Sammy: Körpersprache im Beruf

vorher einfach nicht geglaubt, dass etwas passiert war, sie wirkte schließlich nicht aufgeregt.

Sprachlich geprägt wird man natürlich auch im Beruf. Hier eignen sich viele einen eigenen Jargon an, das so genannte „Fachchinesisch", von Bekannten aus anderen Berufen mitunter nicht gern gehört („Hey, Kollege, in welcher Klitsche malochst du denn?").

Auch die Generation und das Alter haben Einfluss auf die Sprache. Das Vokabular ändert sich erheblich. Auch was für viele einst als Teenager Insider-Sprache war, gilt heute als veraltet, ist „out".

Nicht zuletzt spielt auch die Geschlechtszugehörigkeit eine Rolle. Männer nutzen andere sprachliche Mittel als Frauen. Sie verwenden z.B. weniger die Frageform, entschuldigen sich seltener. Bei der Vorbereitung eines Seminarskripts drückte ein Kollege das so aus: „Wenn nichts mehr hilft, muss man sich auch mal entschuldigen!" Für Frauen gelten Entschuldigungen als Höflichkeitsritual, das häufig angewendet wird. Ebenso ist „rituelles Klagen" ein Sprachmuster, das eher Frauen nutzen.[13]

Sie erzählen gern und ausführlich von ihren Problemen und erwarten nur ein bestätigendes Kopfnicken oder allgemeine Zustimmung. Männer dagegen sind stets auf der Suche nach Lösungen und sprechen nur dann über ihre Probleme, wenn sie selbst mit ihrem „Latein" am Ende sind und Hilfe brauchen.[14] Missverständnisse sind da vorprogrammiert.

Aber auch die verschiedenen Sprachstile und -muster, die über Tonhöhe, Geschwindigkeit, Setzen von Pausen, Sprachmelodie und Lautstärke entstehen, können zu Missverständnissen führen. Jemand, der langsam und mit vielen Pausen spricht, fühlt sich von einem Schnellsprecher zu Unrecht unterbrochen. Jemand, der sehr laut spricht, erweckt den Eindruck, aggressiv zu sein. (Eine neue Klientin brüllte mich am Telefon derart an, dass ich ihr

---

[13] Tannen, Deborah: Das hab' ich nicht gesagt! Kommunikationsprobleme im Alltag. (S. 69 ff.)

[14] vgl. Gray, John: Männer sind anders. Frauen auch. Männer sind vom Mars. Frauen von der Venus.

sagte, ich werde das Gespräch beenden, wenn sie nicht respektvoller mit mir spreche. Es stellte sich heraus, dass sie mit ihrem seit Jahren schwerhörigen Mann stets sehr laut reden musste und nicht mehr wahrnahm, dass sie auch alle anderen Menschen förmlich anschrie.)

Es sind nun schon einige Möglichkeiten für Missverständnisse genannt worden, wobei noch immer nicht vom tatsächlichen Inhalt die Rede ist – den Worten.

Trifft man auf einen Menschen, so macht man sich bereits vor dem ersten gewechselten Wort ein Bild von ihm. Seine Geschlechtszugehörigkeit, sein Äußeres, seine Körperhaltung, Körpersprache (Gestik), Gesichtsausdruck (Mimik), ja sein Geruch entscheiden über den ersten Eindruck. Nicht umsonst spricht der Volksmund davon, jemanden „nicht riechen“ zu können. Man verknüpft in Bruchteilen von Sekunden das Wahrgenommene mit gemachten Erfahrungen, fertigt daraus „das Bild“. Dieses Bild beeinflusst den Umgang mit der Person in positive wie negative Richtung.

Dazu kommt noch der äußere Rahmen des Gesprächs sowie die Rolle, die man selbst einnimmt oder zugewiesen bekommt. Ein Beispiel: Während eines Seminars befand sich die Dozentin noch mit einem (männlichen) Teilnehmer im Seminarraum, als der Hausmeister erschien. Er hatte einige technische Dinge zu regeln und sprach ganz selbstverständlich den Mann an. Die Frau, die als Dozentin seine Ansprechpartnerin gewesen wäre, wurde von ihm so in eine passive (untergeordnete) Rolle verwiesen, dem Mann die Rolle als Leiter zugesprochen.

Eine Seminarteilnehmerin berichtete, dass ihr als einziger Frau in der Sitzung stets die Aufgabe zugewiesen wurde, Kaffee einzuschenken. Als sie begann, nur sich selbst eine Tasse einzuschenken und die Kanne dann ihrem Nachbarn weiterreichte, wurde sie als kompetente Gesprächspartnerin ernst genommen. Vorher war sie in der Rolle der Versorgerin. Gerne werden Frauen auch in die Sekretärinnenrolle gedrängt („du schreibst mal eben Protokoll, nicht wahr!“).

Der Rahmen, den wir vorfinden, lässt uns bestimmte Erwartungen bilden. Ein Seminarraum mit U-förmig aufgestellten Tischen und Stühlen, davor ein Rednerpult, lässt den Beobachter Vorträge erwarten, zu denen er Notizen machen soll. Stehen im Seminarraum hingegen die Stühle im Kreis (ohne Tische), so erwartet man mehr Diskussionen und vermutet, dass auch eigene Beiträge erwartet werden. Eine aufgestellte Videokamera lässt dagegen Rollenspiele erwarten.

Dies alles sind Aspekte, die neben der Sprache wahrgenommen werden.

Die sprachliche Aussage selbst wird auf der Basis dessen verstanden, was wir aus unseren bisherigen Wahrnehmungen schon interpretiert haben.

2/2 Vier Seiten einer Botschaft

Nach Friedemann Schulz von Thun hört man dabei mit vier Ohren.[15] Zum einen hört man mit dem „Sach-Ohr“ die tatsächliche Aussage. Daneben hört man jedoch auch etwas über die Beziehung des Sprechers zu seinem Gegenüber („Beziehungs-Ohr“). Man hört, was der Sprecher über sich selbst aussagt („Selbstoffenbarungs-Ohr“). Und schließlich hört man auch mit dem „Appell-Ohr“ eine Aufforderung an sich heraus. Jede Mitteilung, die man hört, lässt sich auf diesen vier Ebenen „übersetzen“. Umgekehrt vermitteln wir natürlich auch mit jeder Botschaft Informationen auf allen vier Ebenen. Wir sprechen mit „vier Schnäbeln“.[16]

---

[15] Schulz von Thun, Friedemann: Miteinander reden: Störungen und Klärungen. Psychologie der zwischenmenschlichen Kommunikation. (S. 44 ff.)

[16] vgl. Schulz von Thun, Friedemann/Ruppel, Johannes/Stratmann, Roswitha: Miteinander reden: Kommunikationspsychologie für Führungskräfte. (S. 33 ff.)

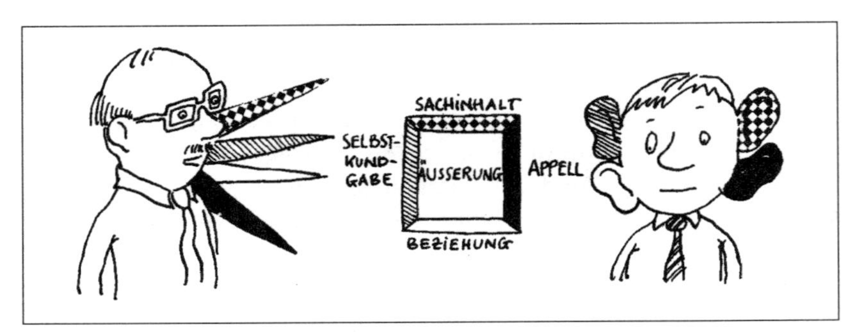

Abbildung: Vier Seiten einer Botschaft[17]

Erstens: Die Ebene der Sachinformation

Hier geht es um den Sachinhalt der Aussage. Auf dieser Ebene kann im Grunde gar kein Konflikt oder verbaler Angriff entstehen, da es hier ganz nüchtern um die Sache geht. Emotionen bleiben außen vor. Sagt z.B. Kollege A zu Kollege B: „Deine Werkbank könnte auch mal wieder aufgeräumt werden!", so bedeutet dies auf der Sachebene lediglich die klare Feststellung, dass Unordnung auf der Werkbank herrscht.

Zweitens: Die Ebene der Selbstoffenbarung

Hier verstecken sich Informationen über die Person des Senders der Botschaft und über seinen inneren Bezugsrahmen, sein Weltbild, seine Werte und Normen. Im o.g. Beispiel könnte dies übersetzt werden mit: „Ich finde es nicht gut, wie deine Werkbank aussieht, auf mich wirkt das unordentlich, ich ärgere mich darüber." Darüber zu sprechen, wie man Dinge wahrnimmt und was besonders wichtig ist, ist häufig nicht leicht. Als Kind geht man noch sehr unbefangen mit der Zurschaustellung der eigenen Person und der eigenen Leistungen um. Je nachdem, welche Reaktion man darauf im Umfeld „erntet", schränkt man sich ein und entwickelt Strategien dafür, was man anderen gegenüber preisgibt und was man lieber für sich behält. Wer kennt nicht den Satz „Eigenlob stinkt" und hat schon in der Kindheit gelernt, sein „Licht unter

[17] Schulz von Thun, Friedemann/Ruppel, Johannes/Stratmann, Roswitha: Miteinander reden: Kommunikationspsychologie für Führungskräfte (S. 34)

den Scheffel zu stellen". Vielleicht ist man von den Eltern aber auch für alles in den höchsten Tönen gelobt worden, durfte viele Privilegien genießen und sich einiges herausnehmen. Dann hat man wahrscheinlich eine Art entwickelt, sich selbst darzustellen, die auf andere selbstsicher, bisweilen sogar arrogant wirken kann. Selbsterhöhung, Selbsterniedrigung oder Selbstverbergung (aus Angst vor harscher Kritik und Abwertung der eigenen Person) können mögliche Strategien sein, die man bereits im Kindesalter entwickelt hat.

Drittens: Die Beziehungsebene

Hier wird eine Aussage über die Beziehung zwischen Sender und Empfänger vermittelt. Allein die Tatsache, dass der Sender eine solche Aussage über den Empfänger trifft, sagt etwas über deren Beziehung aus. In unserem Beispiel ist der Empfänger wohl sicher nicht der Vorgesetzte des Senders. Auf der Beziehungsebene werden Du-Botschaften gesendet. In unserem Beispiel: „Du bist schlampig". Dies wird oft als Vorwurf oder Angriff erlebt, entsprechend gekränkt oder beleidigt reagiert man (siehe auch Kapitel 2/3, Ich-Botschaften).

Viertens: Die Appell-Ebene

Der Appell ist der Wunsch des Senders, beim Empfänger etwas Bestimmtes zu bewirken. Hier: Er soll seine Werkbank aufräumen. Dieser Appell ist in der ursprünglichen Aussage („Deine Werkbank könnte auch mal wieder aufgeräumt werden!") gar nicht unbedingt wörtlich enthalten. Der Empfänger hört ihn jedoch heraus und reagiert darauf.

Der Sender kann natürlich – bewusst oder unbewusst – an das schlechte Gewissen des Empfängers appellieren, an seine Solidarität gegenüber den Kollegen, an seine Loyalität gegenüber dem Vorgesetzten – alles mithilfe der paraverbalen, also neben den Worten vermittelten Informationen (Tonhöhe, Lautstärke, Gestik, Mimik, Körperhaltung).

Er kann einen bestimmten „Schnabel" in den Vordergrund stellen oder zurücknehmen.

Abhängig davon, mit welchem „Ohr“ der Empfänger die Nachricht aufnimmt und wie empfindlich er da ist, kann er die Aussage ganz gelassen nehmen („Stimmt, hier sieht's echt chaotisch aus“ = Sachebene) oder verletzt reagieren („Du brauchst mich nicht gleich so anzumachen“ = Beziehungsebene). Er kann auch wütend reagieren („Du hast mir keine Befehle zu erteilen“ = Appell-Ebene). Er kann auf die Selbstoffenbarung reagieren und dabei emotional recht unbeteiligt bleiben („Dir ist Ordnung sehr wichtig“).

2/3 Ich-Botschaften

Leider gelingt es meist nur mit etwas Übung, die verschiedenen Ebenen im Gespräch auseinander zu halten und gelassen zu überlegen und zu reagieren. Meist reagiert der Empfänger emotional und lässt sich von seinem empfindlichen „Ohr“ die Reaktion diktieren. Dabei reagiert er oft auf eine (vermeintlich) erlebte Beleidigung mit einer Gegenbeleidigung („Du bist ja auch ein 150%iger“). Er fühlt sich gekränkt und kränkt zurück. Er kreuzt sozusagen mit seinem Gegenüber mit Du-Botschaften die Klingen. Jede Du-Botschaft ist ein Angriff. Würde man mit Ich-Botschaften reagieren, würde das dem Gegner den Wind aus den Segeln nehmen („Ich fühle mich gekränkt, wenn Du mich so ansprichst“). Man zwingt den Kontrahenten förmlich aus seiner Rolle des Angreifers in die Rolle des Zuhörers, wenn man ihm mitteilt, wie man sich fühlt. Man hat den Rahmen von einem Kampf mit gekreuzten Klingen hin zu einem sachlichen Gespräch verändert, vom Reagieren gelangt man zum Agieren.

Die wesentlichen Bestandteile einer Ich-Botschaft:

Ich bin ...	Nenne Dein Gefühl
Wenn Du ...	Nenne den Auslöser Deiner Betroffenheit
Weil ...	Liefere Begründungen
Und ich möchte ...	Formuliere Erwartungen

Verkürzt kann die Formel zum Üben im Alltag so aussehen:

Ich bin …	weil …
Ich bin …	und ich möchte …
Ich bin …	weil …, und ich möchte …

Übung 1

Nehmen Sie sich ein wenig Zeit, um diese Strategie für sich zu entdecken. Schreiben Sie auf die linke Hälfte eines DIN-A4-Bogens drei Sätze als Du-Botschaft, die Sie im Ärger gesagt haben (oder gesagt haben könnten), als Sie verletzt waren oder traurig. Schreiben Sie nun auf die rechte Seite die mögliche Alternative als Ich-Botschaft. Vergleichen Sie beide Seiten und stellen Sie sich vor, Sie würden statt „Du"-Botschaften „Ich"-Botschaften erwidert bekommen. Was fühlt sich besser an (besser im Sinne von angenehmer, nicht im Sinne von bekannter oder vertrauter – zu Anfang hört es sich wahrscheinlich etwas gestelzt und künstlich an)?

Übung 2

Jemand greift Sie verbal an. Sie zählen im Geiste mindestens bis fünf und antworten: „Ich bin … (nenne dein Gefühl), weil … (nenne den Auslöser), und ich möchte … (formuliere deine Erwartung)."

3 Macht und Solidarität

In jeder Kommunikation sind Elemente von Macht sowie Solidarität enthalten. Macht bedeutet eine Erweiterung des eigenen Status, Solidarität bedeutet den Wunsch nach einem harmonischen Verhältnis. Beides gleichzeitig zu erleben ist so gut wie unmöglich. Es wird auf der jeweiligen Seite immer nur eines zur Zeit erlebt (wie bei den „Kippbildern“ auf den Wackelpostkarten). Es besteht also eine Widersprüchlichkeit zwischen diesen beiden Elementen. Selbst eine freundliche Geste wie das Aufhalten einer Tür kann die Statusüberlegenheit, die Macht des einen Gesprächspartners anzeigen. Wer weist wem einen Platz zu, wer bietet wem etwas an, wer stellt wem persönliche Fragen – das alles sind Möglichkeiten, Macht zu demonstrieren. Gerade hier kann die gezielte Anwendung von sprachlichen und nicht sprachlichen Mitteln ein Gefühl der Manipulation auslösen. Der eine Gesprächspartner möchte den anderen indirekt dazu bringen, etwas für ihn selbst Günstiges zu tun – ohne die eigenen Ziele offen auszusprechen.

Es soll jedoch nicht der Eindruck erweckt werden, dass es grundsätzlich schlecht und eine Manipulation ist, Macht einzusetzen. Gerade die Betriebsratsarbeit lebt ja von dem gegenseitigen Einsetzen von Machtmitteln (Betriebsvereinbarungen, Einigungsstelle ...). Sinnvoll ist es, sich mit dem Thema Macht auseinander zu setzen und gezielt Macht einzusetzen oder aber eine Manipulation des Gegenübers frühzeitig zu erkennen sowie darauf zu reagieren.

4 Der persönliche Hintergrund

Die Art, wie jemand auf verbale Angriffe reagiert, ist abhängig von seiner Lerngeschichte, dem Ausmaß seiner Selbstsicherheit, dem Grad seiner Angst vor z.B. Kritik und natürlich von seinen Erfahrungen mit Konflikten und deren Lösung. Die Verhaltens- und Erlebnisweisen der Menschen sind hier sehr verschieden. Jeder ist geprägt durch seine individuelle Lebens- und Lerngeschichte. Daher nimmt mancher eine Beleidigung sofort als ernsthafte Kränkung wahr und reagiert aggressiv oder traurig und gekränkt. Ein anderer würde hier leichtherzig darüber hinweggehen und sich nicht getroffen fühlen. Ja, vielleicht kann er sogar noch Mitgefühl und Verständnis für den Angreifer entwickeln, ohne die persönlichen Grenzen verletzen zu lassen.

4/1 Glaubenssätze

Persönlichkeit und persönliche Lebensregeln und Werthaltungen entwickeln sich, wie schon in Kapitel 2/2 erwähnt, in der Kindheit. Man kann sich das in etwa vorstellen wie eine Bühne.[18] Der Bühnenhintergrund, das Bühnenbild, das zuerst da war und den Hintergrund bildet, wird von den ersten und engsten Bezugspersonen angelegt, meist den Eltern. Sie vermitteln erste Regeln, Werte und Normen (z.B. Ehrlichkeit, teilen können, Loyalität usw.). Später kommt ein erster Vorhang dazu, der von Kindergarten und Schule gestaltet wird. Hier werden neue Werthaltungen vermittelt, die die ursprünglichen ergänzen oder auch dazu im Widerspruch stehen können (mit den Geschwistern Schokolade teilen ist gut, mit den Mitschülern Hausaufgaben teilen aber nicht!).

Im weiteren Fortschreiten auf der Bühne, vom Hintergrund hin zum Rand der Bühne, zum Orchestergraben, kommen Regeln aus dem Beruf, der Dorf- oder Stadtteilgemeinschaft, der Religion und dem Freundeskreis dazu. Schließlich steht man vorne und neue

[18] vgl. Thörner, Josef: Systemanalyse in der Verhaltenstherapie ... und die Kindheit ist doch wichtig! (S. 11 ff.)

Werte aus der Familie des Partners/der Partnerin ergänzen die eigenen Werte und/oder stehen ihnen entgegen.[19]

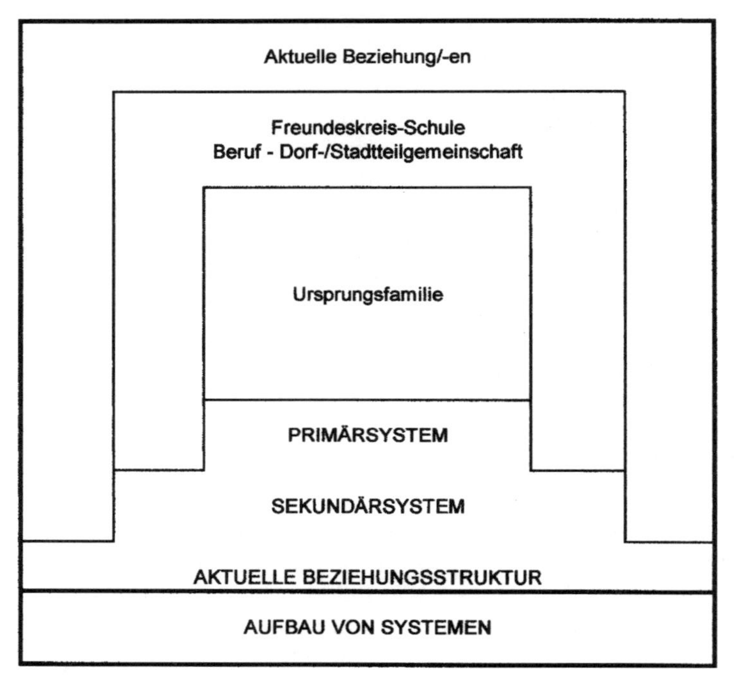

Abbildung: Bühnenbild[19]

Die alten Regeln bleiben dabei bestehen. Sie können hilfreich sein oder das heutige Lebensumfeld hemmen. War es z.B. als Kind noch wichtig, Lehrern (und überhaupt „Obrigkeiten") mit Respekt und Achtung zu begegnen und ihnen nicht zu widersprechen, ist diese Haltung bei Erwachsenen im Job sogar hinderlich. Hier kommt es eher darauf an, sich mit dem Vorgesetzten auseinander zu setzen und (sachliche und inhaltliche) Kritik zu üben.

Diese Regeln kann man auch als Glaubenssätze bezeichnen. Glaubenssätze können innere Grenzen setzen und so eine Veränderung des Verhaltens erschweren (das geht nicht mit Familie,

[19] Thörner, Josef: Systemanalyse (S. 11)

dafür bin ich zu jung/zu alt ...).[20] Im Idealfall entwickelt man für den jeweiligen Lebensabschnitt passende Regeln oder passt die bestehenden Regeln an. Manche Regeln sind jedoch mittlerweile so „verhärtet", dass eine Veränderung schwierig scheint. Wer kennt nicht Menschen, die nach der Regel leben: „Ich muss fehlerlos sein, sonst werde ich nicht anerkannt" und so viel Stress und Sorgen erleben, die vermeidbar wären mit einer veränderten Regel: „Aus Fehlern wird man klug, drum ist einer nicht genug".[21] Es ist sinnvoll, sich seine Lebensregeln bewusst zu machen und zu überprüfen, wie sie im heutigen Leben wirken. Nutzen sie uns, wenn ja, wo und wie? Wo behindern sie uns, wo engen sie unseren Verhaltensspielraum ein? Welche Veränderungen wären hilfreich? Welche Umformulierung würde uns in welchen Situationen das Leben erleichtern? Pünktlichkeit kann eine Regel sein, die in unserer Ursprungsfamilie wichtig war. Es war sinnvoll, sie zu erlernen und sich daran zu halten, um eine bestmögliche Anpassung an das „System Familie" zu erreichen. Auch heute noch kann Pünktlichkeit für manche Lebensbereiche wichtig und sinnvoll sein (z.B. Beruf). In anderen Lebensbereichen setzt man sich vielleicht damit zu sehr unter (unnötigen) Druck. Es könnte eine Erleichterung sein, die Regel so zu verändern, dass im Privat- wie im Freizeitbereich auch mal Unpünktlichkeit („akademische Viertelstunde") erlaubt ist.

Übung

Schreiben Sie die Lebensregeln auf, die für Sie früher und heute galten/gelten.

Bewerten Sie sie nach den Kriterien der Sinnhaftigkeit: Wo ist die Regel wichtig, wo stört sie? Überlegen Sie, welche Veränderungen den „Druck" aus der Regel nehmen würden.

Wie könnte die Regel umformuliert lauten, damit sie auch im aktuellen Leben wieder Sinn macht und hilfreich sein kann?

---

[20] vgl. Schmidt-Tanger, Martina: Veränderungscoaching: Kompetent verändern. NLP im Changemanagement, im Einzel- und Teamcoaching.
[21] mündlich überliefert durch Josef Thörner

Hilfreiche Fragen dazu sind:

- *„Was wäre denn anders, wenn Sie alt genug/jung genug wären?*
- *Was ist für Sie gut daran, diese Einschränkungen zu erleben, das Gefühl, dass es nicht geht?*
- *Was ist das Bereichernde für Sie an diesem Glaubenssatz?*
- *Was ist das Begrenzende an dieser Annahme? Was wird verhindert, was nicht ermöglicht, dadurch, dass es scheinbar nicht geht?*
- *Wie wäre es, wenn es doch gehen würde, Sie es doch tun würden?"*

Diese kleinen Gedankenspiele führen manchmal dazu, dass doch geht, was vorher so unmöglich schien. Denn häufig gilt: „If you can dream it, you can do it" (wenn du es träumen kannst, kannst du es auch tun).[22]

4/2 Innerer Dialog

Glaubensätze bilden sozusagen ein „inneres Team"[23], einen inneren Dialog. Dieses Team hält „Konferenzen", die oft nicht einfach zu leiten sind. Da gibt es Stimmen dafür und dagegen, Stimmen, die zur Geduld oder/und zum Durchsetzen mahnen. Wir können diese Stimmen als jeweils eigene Person ansehen und das „Team" mit allen seinen Mitgliedern ernst nehmen und anhören. Manche „Mitarbeiter" hören wir nicht gern, haben ihre Person hinter eine „Mauer" gestellt. Andere wiederum beherrschen jede Diskussion. Hier ist es wichtig, jede Stimme mit ihrer spezifischen Aussage ernst zu nehmen. Gemeinsam sollten sie einen Beschluss fassen. Jede Stimme hat dabei Stimmrecht.

---

22 Schmidt-Tanger, Martina: Veränderungscoaching (S. 18)

23 vgl. Schulz von Thun, Friedemann/Ruppel, Johannes/Stratmann, Roswitha: Miteinander Reden: Kommunikationspsychologie für Führungskräfte. (S. 45 ff.)

4/3 Systeme

Wir leben in Zusammenhängen, in Systemen, die die Art beeinflussen, wie wir Regeln entwickeln und verändern. Wenn zwei Partner gemeinsam eine Familie gründen, kommen die verschiedenen Regeln aus zwei Ursprungsfamilien zusammen. Einige Regeln aus dieser, andere aus jener Familie werden übernommen und neue gebildet. Ein neues System entsteht. Beide Partner haben jeweils ihre Art, mit z.B. Konflikten umzugehen. Dies liegt zum einen an den verschiedenen Kommunikationsstilen von Frauen und Männern (siehe Kapitel 3/1), zum anderen an den unterschiedlichen Systemregeln oder Glaubenssätzen (siehe Kapitel 4/1). Hier kann sich schnell ein „Tanz“ entwickeln. Beide Partner tanzen die ihnen zugedachten Schritte, gemeinsam funktioniert der Tanz – im Guten wie im Schlechten. In Helm Stierlins „systemischem Paar-Brevier“ hört sich das dann so an:

„Vor ihrem vorwurfsvollen Blicke
Weicht ER leicht säuerlich zurücke,
Was IHR umgehend konfirmiert:
Er drückt sich wieder routiniert.
Was dann bei IHR, die schon gestresst,
Vorwürfe weiter sprudeln lässt,
Worauf, damit's IHN nicht bedrücke,
ER zieht noch weiter sich zurücke,
Was wiedrum SIE, die alsbald tost,
Noch allemal mehr erbost,
Was wiedrum IHN, der auch nicht lacht,
Kaum übermäßig zärtlich macht,
Was wiedrum SIE ... doch sei's genug
Mit solchem Zug um Gegenzug.“[24]

Dies lässt sich auch als Konfliktspirale darstellen, die irgendwann eskalieren kann. Beide Partner erwarten vom jeweils anderen, dass er/sie zuerst sein/ihr Verhalten ändert.

[24] Stierlin, Helm: Ob sich das Herz zum Herzen findet. Ein systemisches Paar-Brevier in Versen und Bildern.

„Es geht ja darum einzusehn,
Dass hier sich zeigt ein Kreisgeschehn,
Das jeweils so wird punktuiert,
Dass stets der andere agiert,
Dass stets der andre baut den Mist,
Dass er der Übeltäter ist. Dieweil man selbst, da angeschmiert,
Nur höchst natürlich reagiert.
Kurzum: in der Beziehungspleite
Glaubt man das Recht auf seiner Seite,
Was eben drum, Gott sei's geklagt,
Systemisch Konsequenzen hat."[25]

Jeder Partner punktuiert, also interpretiert den Beginn der Auseinandersetzung so, dass der jeweils andere angefangen und daher Schuld hat und somit auch die Verantwortung für Veränderung haben muss. Man kann jedoch nie andere verändern, sondern stets nur sich selbst! Wenn zwei Partner Walzer tanzen und einer unterbricht den Tanz, kann der/die andere nicht weiter Walzer tanzen! Selbst wenn nicht gleich ein anderer Tanz begonnen wird, so ist doch zumindest das ungute Muster unterbrochen. Es besteht die Möglichkeit, etwas Neues, anderes zu tun. Hört sie auf, vorwurfsvoll zu blicken, braucht er nicht mehr säuerlich zurückzuweichen. Weicht er nicht mehr zurück, braucht sie nicht mehr ihre Vorwürfe sprudeln zu lassen.

Dieser Teufelskreis kann auch anders dargestellt werden. Das, was ein Gesprächspartner äußert, ist bestimmt von dem, was in seinem inneren Gespräch vor sich geht. Die Äußerung wird vom Gegenüber wiederum auf der Basis dessen interpretiert, was im eigenen inneren Gespräch stattgefunden hat. Reicht z.B. ein Betriebsratskollege den Antrag auf Fortbildung ein, wobei er eben erst eine Fortbildung genehmigt bekommen hat, so kann die Kollegin darauf sehr ungehalten reagieren. Ihr inneres Gespräch besteht zum einen aus neidischen Stimmen, zum anderen aus der Gerechtigkeit fordernden Stimme usw. Sein inneres Gespräch beinhaltet den Wunsch, viel zu erlernen, das Recht auf Fortbildung, Interesse usw. Er verhält sich fordernd, selbstbewusst, sie fühlt sich dadurch empört, ungerecht behandelt, verhält sich entspre-

[25] ebenda

chend ablehnend, feindselig. Er fühlt sich dadurch von oben herab behandelt, abgeschmettert, nicht ernst genommen, verhält sich entsprechend kämpferisch, wütend ...[26]

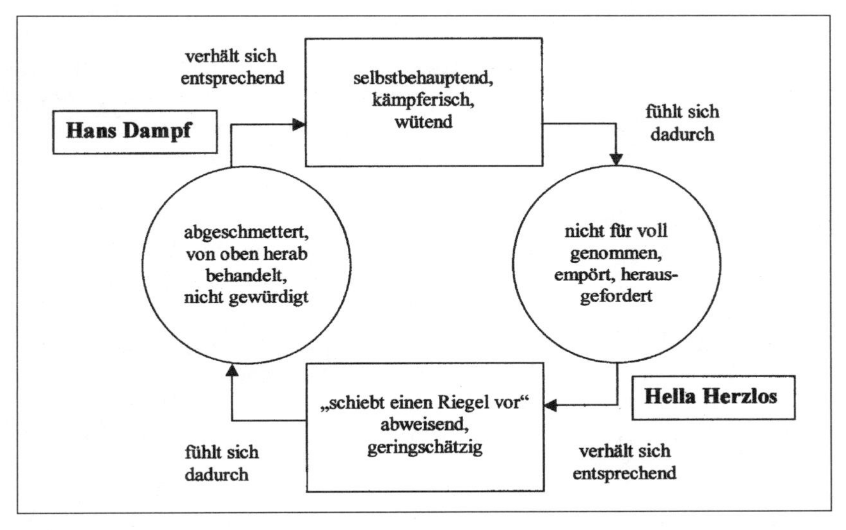

Abbildung: Teufelskreis[27]

[26] vgl. Schulz von Thun, Friedemann/Ruppel, Johannes/Stratmann, Roswitha: Miteinander reden: Kommunikationspsychologie für Führungskräfte. (S. 43)

[27] vgl. Schulz von Thun, Friedemann: Miteinander reden: Kommunikationspsychologie für Führungskräfte (S. 43)

4/4 Ziele

Um neue Wege gehen, Veränderungen einleiten zu können, muss man sich über seine Ziele klar werden. Man muss sich Klarheit darüber verschaffen, welche Qualitäten der Zielzustand haben soll. Häufig werden Ziele spontan gebildet, aus einer aktuellen Unzufriedenheit heraus. Etwas läuft nicht gut und soll anders werden. „Wenn ich erst die Beförderung erhalten habe", so denken viele, „wird alles besser werden." Die Beförderung wird zum Ziel erhoben und darauf hingearbeitet. Wer kennt nicht das leere Gefühl, das entstehen kann, wenn das definierte Ziel erreicht wurde und man merkt, dass doch nicht alles besser geworden ist. Eigentlich hat sich gar nicht viel verändert. Mit dem Ziel werden bestimmte Vorstellungen und Fantasien verknüpft. Dabei wird in der Regel die Realität der Vorstellungen und Verknüpfungen nicht weiter überprüft. Wenn ich erst befördert worden bin, dann werden die Kollegen mich achten, dann ist meine Frau zufrieden, dann macht die Arbeit mehr Spaß, dann kann ich meine Freizeit besser genießen …

Wenn die Hoffnungen und Vorstellungen geklärt werden, kommt man zu den „Zielen hinter den Zielen" (Metaziele).[28]

Die Frage muss lauten:

„Was ist sichergestellt, wenn Sie Ihr Ziel erreicht haben? Warum wollen Sie dieses Ziel erreichen?"[29]

Nun muss überprüft werden, ob das Ziel, das man sich gesetzt hat, wirklich dazu geeignet ist, das „Metaziel" zu erreichen. Und ebenso muss überdacht werden, ob nicht das Metaziel auch über andere Wege als über das gesetzte Ziel erreicht werden kann. Was für Möglichkeiten außer der Beförderung habe ich noch zur Verfügung, um mir die Achtung der Kollegen zu sichern, meine Frau zufriedener zu erleben, mehr Spaß an der Arbeit zu haben, meine Freizeit zu genießen? Oft stellt sich dabei heraus, dass das eigent-

---

[28] vgl. Schmidt-Tanger, Martina: Veränderungscoaching: Kompetent verändern. NLP im Changemanagement, im Einzel- und Teamcoaching. (S. 25)

[29] ebenda

liche Ziel gar nicht so sinnvoll gewählt war. Oft gibt es andere, einfache und schneller verfügbare Methoden, um die Metaziele zu erreichen.

Übung

Formulieren Sie ein aktuelles Ziel.

Stellen Sie sich die Frage: Was ist sichergestellt, wenn ich mein Ziel erreicht habe? Warum will ich dieses Ziel erreichen?

Decken Sie Ihr ursprüngliches Ziel ab und entwickeln Sie zu jedem Veränderungswunsch alternative Wege dorthin.

Ziel	Was ist sichergestellt, wenn ich mein Ziel erreicht habe? (Metaziel)	Mögliche andere Wege zum Metaziel
....	....	....

Stellen Sie sich dann die Frage: Was wird sich im System (Team, Familie ...) ändern, wenn meine (Meta-)Ziele erreicht sind?

Der Mensch lebt, wie in Kapitel 4/3 erklärt, in Systemen. Wenn er sich verändert, verändert sich das ganze System. Verhaltensweisen anderer laufen ins Leere, wenn er sein Verhalten, seine Reaktion ändert. Es muss also auch bedacht sein, wie das Erreichen eines Ziels (Metaziel) Einfluss auf das System nimmt. Arbeitet man z.B. weniger (statt mehr in der Hoffnung auf Beförderung), so kann das Freizeitverhalten sich ändern, man verbringt mehr Zeit mit der Familie, die Ehefrau wird vermutlich zufriedener sein. Man gewinnt wieder mehr Spaß an der Arbeit, ist engagierter und erhält wieder mehr Achtung und Anerkennung vonseiten der Kollegen.

4/5 Stärken/Schwächen

Ob man glaubt, seine Ziele erreichen zu können, hängt auch davon ab, wie man seine Stärken und Fähigkeiten einschätzt.

Übung

Notieren Sie fünf Stärken/fünf Schwächen auf je einem Bogen Papier.

Was ist Ihnen leichter gefallen?

In der Regel ist man schneller und erfindungsreicher, wenn es darum geht, Schwächen zu finden. Stärken werden oft nach dem Motto formuliert: „ja, aber ...". Wenn aber in jeder Stärke eine Schwäche lauern kann, warum steckt dann nicht auch in jeder Schwäche eine Stärke?

Übung

Übersetzen Sie jede notierte Schwäche in eine Stärke.

Wenn Sie z.B. meinen, stur oder dickköpfig zu sein, so kann das als Stärke Beharrlichkeit bedeuten. Sie lassen sich nicht so leicht abwimmeln![30]

Oder – mit „Garfield" gesprochen, der bekannten Zeichentrickfigur: ... „Das sind keine Fehler, das sind Charakterzüge."[31]

Der Mensch hat in der Regel nicht gut genug gelernt, seine Stärken zu erkennen bzw. anzuerkennen. Nach der Devise „Eigenlob stinkt" hat er gelernt, zurückhaltend zu sein. Fehler zuzugeben ist schon eine Tugend geworden. Jedoch gibt es dabei mehr Schattierungen als nur Schwarz-Weiß. Nur wenige Charaktereigenschaften sind entweder gut oder schlecht. Es gibt in jedem Schlechten etwas Gutes!

Es gilt also, sich sowohl seiner Stärken als auch seiner Schwächen bewusst zu sein und die „Stärken stärken, Schwächen nutzen" zu lernen.[32] Also jede als Fähigkeit zu sehen und in den Situationen einzusetzen, in denen sie sinnvoll und wirksam sein können!

---

[30] vgl. Cicero, Antonia/Kuderna, Julia: Die Kunst der „Kampfrhetorik": Power-Talking in Aktion.
[31] ebenda (S. 47)
[32] ebenda (S. 45)

Schwächen lehnen wir jedoch nicht nur bei uns selbst, sondern auch bei anderen Menschen ab. Jemanden unsympathisch zu finden, hat häufig den Hintergrund, dass sich in ihm Schwächen zeigen, die wir an uns selbst nicht akzeptieren.

4/6 Persönlichkeit

Häufig kann man sich des Eindrucks nicht erwehren, stets in die gleichen Konfliktmuster zu geraten. Der Mensch neigt dazu, in bestimmten Situationen seine „Programme" zu aktivieren und ähnliches Verhalten zu zeigen wie in den vorhergegangenen Situationen. Selbst wenn sich dieses Verhalten nicht unbedingt bewährt hat, so ist es doch sehr hoch trainiert, und es fällt schwer, es einfach sein zu lassen. Wie nun bekannt ist, ist auch kein Nicht-Verhalten möglich. Wenn also bestimmte Konfliktverhaltensweisen nicht mehr angewendet werden sollen, dann müssen Alternativen dazu entwickelt werden. Menschen können Verhalten verändern! Wie leicht das fällt bzw. wie leicht man sich in eine bestimmte Richtung verändern kann, hängt von der Grundpersönlichkeit ab. Ängstliche Menschen entwickeln ein feines Gespür für die Bedürfnisse anderer und sind oft bemüht, andere zufrieden zu stellen. Rigiden Menschen fällt es schwer, überhaupt etwas zu verändern oder auf Veränderung von außen zu reagieren. Depressive Menschen brauchen viel Kraft, um Veränderungen in die Wege zu leiten oder zu akzeptieren.

Die eigene Grundpersönlichkeit setzt sich zusammen aus dem erlernten Verhaltensmuster und den dazu gehörenden Gedankenmustern. Sind die Gedanken häufig negativ („das bringt sowieso nichts" – „ist doch sowieso egal"), findet sich eine depressive Gedankenstruktur, die in entsprechendes Verhalten mündet. Ein depressiv denkender Mensch wird oft gar nicht erst versuchen, etwas zu erreichen oder zu verändern. Die Gedanken blockieren kreatives Handeln. Auch ein zwanghaft korrekter Mensch wird sich mit seinen Gedanken häufig im Erleben und Handeln blockieren. An schönen Dingen wird er sich nicht wirklich erfreuen können, weil sie nie als „wirklich perfekt" wahrgenommen werden. Das „Haar in der Suppe" wird entdeckt und die gesamte Freude hinfällig. Kleinigkeiten zählen nicht.

Das Verhalten anderer wird immer auf der Basis der eigenen Gedanken und Gefühle bewertet. Wer grundsätzlich ängstlich ist, erwartet stets Gefahr von seinen Mitmenschen. Dass ihm jemand etwas Gutes will, hält er für ausgeschlossen. Entsprechend wird er nicht wahrnehmen, wo ihm Gutes widerfährt, und sich auch nicht daran freuen können. Das eigene Weltbild wird weiterhin bestätigt.

Eine Veränderung ist auch hier wieder über die Ebene der Gedanken und Bewertungen möglich. Es ist jedoch meist schwierig, selbstständig eine Veränderung zu erreichen, da die Wahrnehmung ja die Fehler der anderen in den Mittelpunkt stellt. Man erlebt ja nicht sich selbst als fehlerhaft, sondern die anderen. Gelingt es aber, die eigene Weltanschauung zu überprüfen und seine Gedanken und Regeln zu verändern, so kann dies lebenserleichternd wirken und mehr positive Erlebnisse ermöglichen.

Die Vielfalt der Gefühle kann wieder ausgeschöpft werden und der Weg aus dem Jammertal wird frei.

Übung

Notieren Sie täglich alle Dinge, die Sie als angenehm erlebt haben. Das können Kleinigkeiten wie der Duft frischen Kaffees oder ein schönes Telefongespräch sein. Aber auch die Erledigung unangenehmer Dinge sollte notiert werden. Ein unangenehmes Gespräch wurde geführt, ein Telefonat erledigt, das schon lange aufgeschoben wurde. Die Anzahl der notierten Tätigkeiten wird in einer Kurve eingetragen. Parallel dazu sollte jeden Abend der Tag bewertet werden auf einer Skala von 1 = mies bis 10 = sehr gut. Auch diese Werte werden mit einem andersfarbigen Stift in die Kurve eingetragen. Es wird schon bald deutlich, dass die beiden Kurven parallel verlaufen. Je mehr angenehme Dinge ich erlebe und je mehr unangenehme Aufgaben ich erledigt habe, desto gelungener erlebe ich den Tag. Die allgemeine Aktivierung macht bereits einen Unterschied, wie gut der Tag bewertet wird.

Das eigene Selbstbild wird dabei immer von dem Bild verschieden sein, das andere von der eigenen Person haben. Man selbst nimmt nur einen Teil seiner Persönlichkeit wahr, ein anderer bleibt verborgen, unbewusst. Außenstehende nehmen einen anderen Teil der eigenen Persönlichkeit wahr, Teile jedoch sind für sie verborgen, privat. Der Teil, der einem selbst bekannt ist, kann durch Rückmeldung von außen erweitert werden. Man lernt auch durch den Umgang mit neuen Situationen und das Erproben neuer Verhaltensweisen etwas über die eigene Person, jede Prüfung gibt eine Rückmeldung über die eigene Leistung, das eigene Verhalten. Dieses Phänomen beschreibt das Johari-Fenster, benannt nach seinen Erfindern Joe Luft und Harry Ingham. Das Modell beschreibt den Prozess von Selbst- und Fremdwahrnehmung, der sich durch soziale Prozesse immer wieder verändert.

		mir selbst	
		bekannt	**unbekannt**
anderen	**bekannt**	**allen bekannt (öffentlich)**	**Blinder Fleck in der Selbstwahrnehmung**
	unbekannt	**für andere verborgen (privat)**	**unbekannt, unbewusst**

Das Johari-Fenster

Abbildung: Das Johari-Fenster[33]

Um das eigene Selbstbild zu ergänzen und bei Bedarf das Verhalten oder bestimmte Merkmale zu verändern, ist es erforderlich, das mir selbst bekannte Fenster zu vergrößern. Hierfür ist die Rückmeldung durch andere wichtig. Sie kann von Freunden, Kolleg/innen, Bekannten, Kunden oder Trainern eingefordert wer-

---

33 Neumann, Reiner: Schlagfertig reagieren im Job: sicher auftreten, gekonnt argumentieren, sich erfolgreich zur Wehr setzen. (S. 40)

den. So kann das eigene Selbstbild erweitert und es können gezielt einzelne Veränderungen geplant und durchgeführt werden.

Persönlichkeit und Sympathie hängen eng zusammen.[34] Wird ein Mensch als der eigenen Person sehr ähnlich erlebt, so ist die Wahrscheinlichkeit groß, dass er als sympathisch wahrgenommen wird. (Es sei denn, er hält einem nur den Spiegel der eigenen Schwächen vor.) Von jemandem, der sehr ähnlich ist, wird Anerkennung oder doch zumindest Akzeptanz erwartet. Man sucht die Nähe des anderen und findet ihn sympathisch. Ist jemand hingegen ganz verschieden von der eigenen Person, so wird eher Ablehnung durch den anderen oder gar Abwertung befürchtet. Das wird als bedrohlich erlebt und Distanz gesucht. Die Person wird als unsympathisch eingestuft.

Weiterhin erlebt man die Menschen als unsympathisch, die die eigenen Erwartungen nicht erfüllen (die sie ja oft auch gar nicht kennen können). Eine Enttäuschung, die ja schon die erste Phase der Konfliktkurve einläuten kann, ist also oft nichts weiter als ein Missverständnis. Eine bestimmte Erwartungshaltung besteht, wird nicht deutlich mitgeteilt, die Erwartung wird nicht erfüllt, Enttäuschung entsteht und darüber die Abwertung des anderen.

Außerdem werden auch die Menschen als unsympathisch erlebt, die an Menschen erinnern, mit denen man früher schon schlechte Erfahrungen gemacht hat oder die sich jetzt verletzend oder abstoßend der eigenen Person gegenüber verhalten. Wie sehr solch eine Person abgelehnt wird, ist abhängig von der eigenen Bewertung der Verhaltensweisen des anderen und den daraus entstehenden Gefühlen. Wird jemand als abweisend und schroff erlebt, die Bewertung ist jedoch eher tolerant („vielleicht hatte er einen schlechten Tag“), so ist das Gefühl nicht so verletzt und wütend, als wenn die Bewertung persönlich ausfallen würde („der ist nur zu mir so unverschämt“). Die Frage ist auch, ob mit dem Verhalten des anderen gleich die ganze Person abgelehnt wird („der ist blöd“) oder tatsächlich das konkrete Verhalten („der benimmt sich blöd“). Wenn es möglich ist, das Verhalten anderer nicht aus-

[34] vgl. Miller, Reinhold: Sie Vollidiot! Von der Beschimpfung zum konstruktiven Gespräch

schließlich auf sich selbst zu beziehen, ist eine wesentliche Voraussetzung für selbstsicheres Verhalten und Empfinden gegeben.

4/7 Selbstsicherheit

Im ersten Jahrhundert vor Christus sagte Epiktet in seinem „Handbüchlein der Moral": „Nicht die Dinge selbst beunruhigen den Menschen, sondern seine Vorstellung von den Dingen." Auch Shakespeare lässt Hamlet sagen: „Nichts ist weder gut noch schlecht, das Denken macht es so."

Selbstsicheres Verhalten ist abhängig von den Erfahrungen, die in der Kindheit gesammelt wurden. Laut einer Untersuchung sind Kinder bis zum 5. Lebensjahr häufig bereits mehr als 40.000-mal getadelt worden. Das sind im Durchschnitt 22 Tadel pro Tag.[35] Diese Tadel führen zur Entwicklung von Selbstzweifeln, Ängsten und Hemmungen. Zum einen entwickeln sich Ängste vor Ablehnung, zum anderen die Angst, zu versagen. Dabei fürchtet man die Ablehnung von den Persönlichkeitseigenschaften oder Verhaltensweisen, die man selber an sich nicht mag. Es entsteht eine „Angst, andere könnten uns für Fehler kritisieren, weil wir uns selbst für den Fehler kritisieren"[36].

Hier spielen wieder die Gedanken eine Rolle, mit der bestimmte Situationen bewertet werden. Die Situation A (= Aktivierendes Ereignis) führt zu einer Bewertung (B), die aus Gedanken und Einstellungen entsteht. Die daraus folgenden Gefühle und Verhaltensweisen (C = Konsequenzen) sind das Ergebnis der Bewertungen, nicht der auslösenden Situation.[37] In diesem ABC der Gefühle ist die Veränderung der Bewertung möglich und damit wiederum die Veränderung der Gefühle und Verhaltensweisen. Wichtig ist für selbstsichere Gedanken, die Tatsachen zu berücksichtigen. Häufig führt eine Situation, in der ein verbaler Angriff stattfindet, zu Bewertungen wie „das ist schrecklich", „diese Ablehnung kann ich

[35] vgl. Merkle, Rolf: Laß Dir nicht alles gefallen. Wie Sie Ihr Selbstbewußtsein stärken und sich privat und beruflich besser durchsetzen können. (S. 27)
[36] ebenda (S. 30)
[37] siehe auch Ellis, Albert: Die rational-emotive Therapie. Das innere Selbstgespräch bei seelischen Problemen und seine Veränderungen.

nicht ertragen". Tatsächlich ist der Mensch durchaus in der Lage, eine Ablehnung oder Kritik zu ertragen. Eine Bewertung wie „diese Ablehnung ist unangenehm, ich werde sie trotzdem ertragen können" führt zu mehr Selbstsicherheit und erhöht die Möglichkeiten zu selbstsicherem Verhalten (siehe auch Kapitel 4/1, Glaubenssätze). Selbstsicheres Denken hilft also, „sich so zu fühlen und zu verhalten, wie Sie es möchten", ist „eine Form von Sich-selbst-gut-Zureden".

Um die eigene Selbstsicherheit zu stärken, ist es also wichtig, die eigenen Bewertungen zu verändern. Da diese abhängig sind vom eigenen Selbstbild, wie man selber über sich denkt und urteilt, muss der Anfang hier gemacht werden. Die eigenen Fehler und Schwächen zu akzeptieren, sich selbst Fehler zu verzeihen, ist notwendig. Eine gewisse Großzügigkeit sich selbst gegenüber ist dabei hilfreich.

Übung

Sagen Sie sich jeden Morgen und jeden Abend vor dem Spiegel, dass Sie sich Ihre Fehler und Schwächen verzeihen. Sie sind menschlich. Sehen Sie sich dabei in die Augen.

Schreiben Sie den Satz „Ich akzeptiere mich mit meinen Fehlern und Schwächen" auf eine Karteikarte und tragen Sie diese immer bei sich, am besten in der Hosentasche. Sie werden täglich öfter die Karteikarte berühren und an den Inhalt der Karte erinnert.

Notieren Sie abends Ihre Erfolge in ein kleines Notizbuch. Oft sind es die Kleinigkeiten, die einem am Abend das Gefühl von Erfolg und Selbstsicherheit vermitteln.

Lesen Sie sich Ihre Erfolge und die erreichten Ziele immer mal wieder durch.

Zur Stärkung der Selbstsicherheit sind auch die Übungen aus Kapitel 4/5 (Stärken und Schwächen) empfehlenswert.

Selbst wenn das eigene Gefühl noch nicht so selbstsicher ist, wie man es gern hätte, so lässt sich doch die Wirkung erzielen, die ein selbstsicherer Mensch ausstrahlen kann. Sechs Punkte sollten hierbei berücksichtigt werden.

Erstens: Für die eigenen Interessen eintreten

Auch und gerade in Situationen, die nicht so „dramatisch" sind, kann dieses Verhalten geübt werden. Wenn es z.B. darum geht, eine Nichtraucherregelung in Besprechungen einzuhalten oder sich an feste zeitliche Regelungen zu halten, kann das ein gutes Übungsfeld sein. Äußern Sie Ihr Bedürfnis laut und deutlich, wiederholen Sie es, wenn niemand reagiert. Blicken Sie dabei einer bestimmten Person in die Augen oder nennen Sie Einzelne beim Namen („Herbert, wir hatten für die Besprechung abgemacht, dass nicht geraucht wird. Bitte halte dich daran.").

Zweitens: Auf persönliche Kritik gelassen reagieren

Wenn Sie persönlich kritisiert werden, reagieren Sie zwar mit Akzeptanz, lassen sich jedoch nicht in eine Diskussion darüber verwickeln („Das kann sein, aber wir reden gerade über …").

Drittens: Nach Gründen fragen

Stellen Sie den Störer/Angreifer. Fragen Sie ihn nach den Gründen für sein Verhalten („Warum tust du das?"). Teilen Sie ihm mit, dass er Sie stört. Fragen Sie gleich, denn „je länger Sie einen Angriff dulden, umso schwerer wird es Ihnen fallen, sich zur Wehr zu setzen".[38]

Viertens: Beschwichtigungsversuche ignorieren

Gehen Sie auf Beschwichtigungsversuche („stell dich nicht so an") gar nicht ein. Wiederholen Sie Ihren Wunsch oder Ihr Argument.

Fünftens: Weisen Sie auf vereinbarte Regeln hin

Wenn Regeln nicht eingehalten werden, weisen Sie darauf hin. Machen Sie deutlich, dass Ihnen an Zuverlässigkeit liegt („mir ist wichtig, dass ich mich auf euer Wort verlassen kann!").

---

[38] vgl. Neumann, Reiner: Schlagfertig reagieren im Job: sicher auftreten, gekonnt argumentieren, sich erfolgreich zur Wehr setzen. (S. 48 f.)

Sechstens: Konsequenzen darstellen

Wenn es (negative) Folgen für den anderen haben kann, sein aggressives Verhalten fortzusetzen, weisen Sie ihn darauf hin. Dies ist allerdings nur dann wirkungsvoll, wenn tatsächlich Maßnahmen möglich sind, die für den Angreifer negativ wären. [39]

4/8 Angst und Hemmung

Die Erwartungshaltung, die im Zusammenhang mit einem Gespräch besteht, beeinflusst in hohem Maße das Verhalten. Wird z.B. ein friedliches Gespräch im privaten Raum erwartet, mit jemandem, dem eine zugewandte Einstellung unterstellt wird, sieht die Erwartung eher positiv aus. Wird jedoch ein Gespräch in angespannter Stimmung erwartet, mit jemandem, der anderer Meinung ist, wird die Erwartung von mehr Anspannung und auch Angst bestimmt sein. Angst ist primär ein Gefühl, das ein Warnsystem in Gang setzt. Der Blutdruck steigt, die Pulsfrequenz erhöht sich, die Atmung wird schneller und flacher, Adrenalin gelangt ins Blut. Körperlich kann sich das in Gefühlen wie „Kloß im Hals“, „weichen Knien“, „Magengrummeln“, Zittern oder Erröten äußern. Wird diese körperliche Erregung als „gefährlich“ und unangenehm interpretiert, so gelangt man schnell in einen „Teufelskreis der Angst“.[40]

Die Aufmerksamkeit richtet sich auf die Anzeichen der Angst und wird vom eigentlichen Gesprächsinhalt abgelenkt. Die Angstanzeichen, die als unerwünscht und störend wahrgenommen werden, verschlimmern sich, je mehr Aufmerksamkeit sie erhalten und je unerwünschter sie bewertet werden. Würde die körperliche Erregung als Warnsignal interpretiert, dass hier eine Situation besteht, die gefährlich werden kann, könnte die Anspannung als zusätzliche Energie bewertet werden, die zu erhöhter Aufmerksamkeit führt. Die Konzentration könnte dann auf die Situation und das Gespräch beschränkt bleiben und eine bessere Leistung hervorrufen.

---

[39] ebenda (S. 48)
[40] Margraf, Jürgen/Schneider, Silvia: Panik, Angstanfälle und ihre Behandlung. (S. 74)

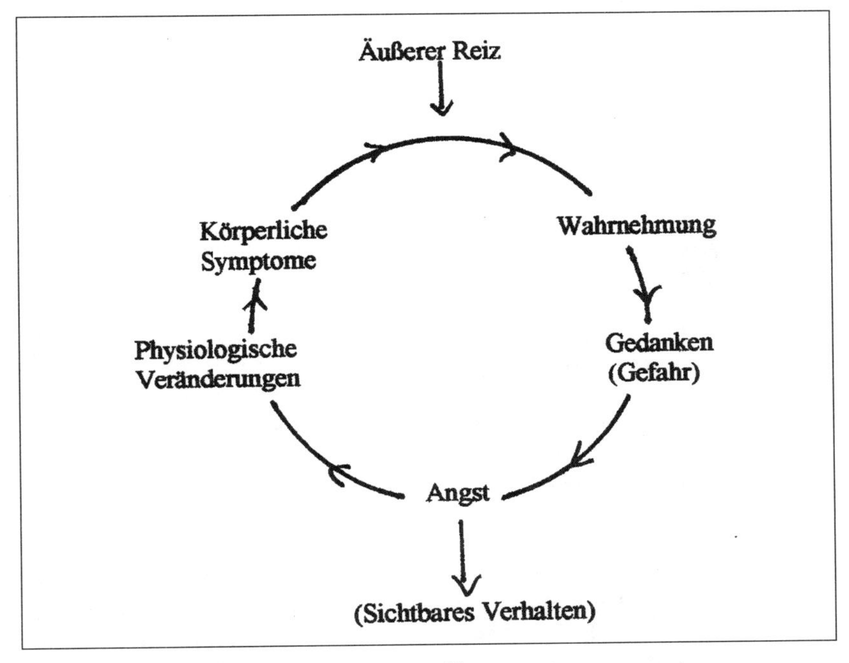

Abbildung: Teufelskreis der Angst[41]

Es besteht ein Zusammenhang zwischen Anspannung und Leistung, die als „umgekehrte U-Funktion“ beschrieben wird.

Dies bedeutet, dass ein geringes Maß an Anspannung ein geringes Maß an Leistung auslöst, ein mittleres Ausmaß an Erregung jedoch ein Maximum an Leistung bewirkt. Erst ein Überschießen der Anspannung verringert wieder die Leistungsfähigkeit. Jeder Schauspieler weiß, dass ein bestimmtes (mittleres) Maß an Lampenfieber (Erregung) vorhanden sein muss, um bestmögliche Leistung zu vollbringen. Ganz entspannt in eine Situation zu gehen, in der man Leistung zeigen muss, bedeutet eine geringe Konzentrations- und Leistungsfähigkeit, also zu wenig Aufmerksamkeit. Ein vernünftiges Maß an Aufregung führt also zu erhöhter

41 vgl. ebenda

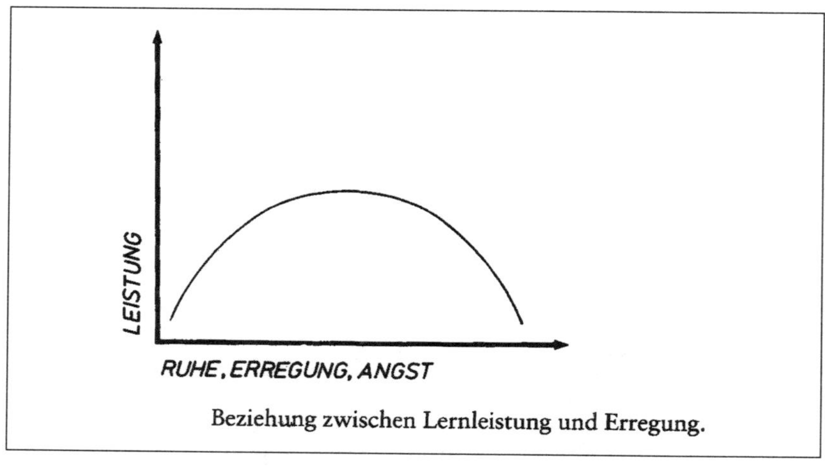

Abbildung: umgekehrte U-Funktion[42]

Aufmerksamkeit und steigert so die Leistungsfähigkeit. Auch ein verbaler Schlagabtausch ist ein Kampf, eben einer mit Worten. Es ist durchaus sinnvoll, ein Energieniveau zu erreichen, das schnelle und präzise Reaktionen möglich macht.

Eine übermäßige Menge an Anspannung hingegen sorgt dafür, dass die Fähigkeit, gezielt und schlagfertig zu reagieren, wieder sinkt. Mit einer solcherart erhöhten Anspannung wird Fluchtverhalten oder Kampfverhalten wahrscheinlich. Eine Reaktion mit einer so hohen Anspannung ist bestimmt entweder von Vermeidung oder von Aggression. Man unterscheidet drei Reaktionstypen: Kampf-, Flucht- und Schreckreaktion. Es ist jedoch auch möglich, in verschiedenen Situationen mit den verschiedenen Grundreaktionen zu reagieren.

Den *Kampftypen* bestimmen Gedanken wie „das Leben ist ein Kampf", „ich muss auf der Hut sein", „andere sind meine Feinde", „die Welt ist ungerecht", „ich darf keine Fehler machen", „denen werde ich es heimzahlen" und ähnliche. Die begleitenden Gefühle

[42] Metzig, Werner/Schuster, Martin: Lernen zu lernen. Lernstrategien wirkungsvoll einsetzen (S. 33)

sind Wut, Ärger, Reizbarkeit und Aggression. In seinem Verhalten zeigt sich häufig Anschreien, Beschimpfen, Kämpfen, Abwerten, nicht zuhören, Widerstand leisten, auf seinem Recht beharren, seine Gefühle unterdrücken, mit anderen konkurrieren. Körperliche Beschwerden wie Kopf- und Rückenschmerzen, erhöhter Blutdruck, Magenbeschwerden aufgrund zu viel Magensäure und erhöhte Blutfettwerte begleiten diese Verhaltensweisen.

Der *Fluchttyp* zeichnet sich aus durch Gedanken wie „ich bin unfähig", „das Leben ist sinnlos", „ich kann mich nicht wehren", „ich kann mich nicht durchsetzen", „ich bin schlechter als andere". Gefühle wie Angst, Unsicherheit, Unzufriedenheit, Nervosität, Reizbarkeit, Depression begleiten diese Gedanken. Verhaltensweisen wie Flucht, Vermeiden der Situationen, Rückzug, Unzuverlässigkeit, Meiden von Verpflichtungen, Anpassung, Betäuben durch Drogen oder überstarkes Pflichtgefühl zur Unterdrückung von Schuldgefühlen sind zu beobachten. Körperlich zeigen sich Beschwerden wie erhöhter Blutzuckerspiegel, erhöhter Puls und Blutdruck, Kopf- und Rückenschmerzen durch erhöhte Muskelanspannung und Magenbeschwerden aufgrund von zu viel Magensäure.

Der *Schrecktyp* denkt in Kategorien wie „alles Neue ist gefährlich", „hoffentlich mache ich alles richtig", „ich bin nicht in Ordnung", „ich kann nichts", „ich mache alles falsch", „die anderen werden schlecht über mich denken", „es ist schrecklich, zu versagen und abgelehnt zu werden", „das Leben ist sinnlos", „ich brauche andere Menschen". Gefühle wie Angst, innere Unruhe, Panik, Depression, Hoffnungslosigkeit und Lebensunlust werden erlebt. Verhaltensweisen wie Inaktivität, Weinen, kopfloses Verhalten, nicht allein sein können, Vermeiden von Risiken, bei Konflikten nachgeben, Zurückstellen von Bedürfnissen sind zu beobachten. Körperreaktionen wie Konzentrationsschwierigkeiten, Denkblockaden, zu geringer Blutdruck und Blutzuckerspiegel, Atembeschwerden, Erröten, Weinen, Magenbeschwerden bei zu viel Magensäure werden erlebt.[43]

Einerseits ist es wichtig, sich seiner eigenen Reaktionstendenzen bewusst zu sein, um diese ändern zu können, andererseits ist es

[43] vgl. Wolf, Doris: Ängste verstehen und überwinden: gezielte Strategien für ein Leben ohne Angst. (S. 69 ff.)

auch sinnvoll, beim Gegner erkennen zu können, welchen Reaktionstyp er zeigt. Jemand, der als „Kämpfer" reagiert, wird eher mit verbalen Angriffen um sich werfen als der Schreck- oder Fluchttyp. Ist die Reaktion des Gegners bekannt, können schon im Vorfeld entsprechende Strategien geplant werden. Man läuft nicht mehr „blind ins Messer", sondern weiß, dass der Kollege X oder der Vorgesetzte Y bei Belastung dazu neigt, mit Kampfverhalten zu reagieren. Insbesondere weiß man auch, dass die verbalen Angriffe des Gegenübers nur bedingt mit der eigenen Person zu tun haben und hauptsächlich aus der Person des Gegenübers und seinen Reaktionstendenzen entstanden sind!

Weiterhin bewirken die Gedanken, die ein bestimmtes Ergebnis „erwarten", auch das Verhalten. Wird befürchtet, dass im Gespräch der Gegner die besseren Argumente hat und „gewinnen" wird, so bestimmt diese Erwartungshaltung auch das eigene Verhalten. Man spricht hier von einer „Sich selbst erfüllenden Prophezeiung".[44] Im Alltag ist dieses Geschehen vertraut. Wer sich einredet, er dürfe eine bestimmte Sache nicht vergessen, der riskiert, sie wirklich zu vergessen. Die Gedanken „programmieren" das Verhalten. Wer hingegen denkt, er müsse sich unbedingt an etwas Bestimmtes erinnern, programmiert sich auf „erinnern" und wird deshalb die Sache eher behalten.

Wenn ein Redner ein intensives Bild vor seinem inneren Auge entwickelt, in dem er sich stotternd, mit weichen Knien und hochrotem Gesicht vor der Zuschauermenge sieht (die mit spöttisch-lauernden Blicken zu ihm hin sieht), wird das sein Selbstwertgefühl nicht gerade stärken. Entsprechend wird seine Verunsicherung (die er seinen eigenen Gedanken, nicht dem Publikum zuzuschreiben hat!) dazu führen, dass er tatsächlich ins Stottern gerät. Hat der Redner sich hingegen eine ruhige Situation gesucht, eine Atem- oder Entspannungsübung gemacht, die seinen Erregungspegel auf dem günstigen Niveau hält, so kann er sich ein inneres Bild machen, in dem er kleine Versprecher souverän meistert und die Rede gut vorträgt. Solche inneren Bilder sollte man am besten schon vor der kritischen Situation entwickeln. Je intensiver ein solches Bild aufgebaut wurde, je mehr Sinneska-

[44] Bierhoff, Hans Werner: Sozialpsychologie. Ein Lehrbuch. (S. 154)

näle daran beteiligt waren, desto lebendiger wirkt es und desto besser.

Übung

Stellen Sie sich eine Situation vor, in der Sie eine unangenehme Aufgabe meistern. Malen Sie sich genau aus, wie und wo Sie stehen oder sitzen. Malen Sie sich das Bild in Farbe und auf Kinoleinwandgröße aus. Stellen Sie sich vor, wie die anwesenden Personen wohlwollend zuhören. Machen Sie sich Ihre Körperhaltung bewusst, Ihre ruhige Atmung. Spüren Sie das Gefühl von hilfreicher Anspannung. Sie verfügen über alle erforderlichen Fähigkeiten und Kräfte. Malen Sie sich das Bild mit Ton und Gerüchen möglichst plastisch aus. Erleben Sie in der Vorstellung das gute Gefühl, die Aufgabe gemeistert zu haben, erleben Sie die Zufriedenheit und den Stolz.

Je intensiver das Bild geübt wurde und je öfter, desto leichter ist es zur Vorbereitung unmittelbar vor der eigentlichen Situation abrufbar.

Zur Beruhigung ist auch eine bewusste Lenkung der Atmung sinnvoll. Entspannungsübungen wie das autogene Training oder die „Progressive Muskelrelaxation nach Jacobson“ müssen regelmäßig geübt werden. Sie leisten dann gute Dienste, weil die Entspannung als „Programm“ schnell abrufbar ist.

Entspannungstrainings bieten die Volkshochschulen an, sie sind jedoch auch über Kassetten oder Bücher erhältlich.

Übung

Atmen Sie ruhig und gleichmäßig. Legen Sie die Hand auf den Bauch, um zu spüren, wie die Bauchdecke sich gleichmäßig hebt und senkt. Beachten Sie, dass die Phase des Ausatmens etwas länger ist als die des Einatmens (das Gefühl, keine Luft mehr zu bekommen, ist oft Folge von zu starkem Ein- und zu geringem Ausatmen). Konzentrieren Sie sich auf die Atmung und darauf, wie Sie mit jedem Ausatmen ein Stück mehr entspannen. Sagen Sie sich, dass Sie genau den Grad an Anspannung erreichen werden, der Ihnen eine optimale Leistungsfähigkeit ermöglicht.

5 Körpersprache

Neben all den schon in Kapitel 2 und 4 erwähnten Mechanismen, die im Gebrauch von Sprache eine Rolle spielen, soll nun der Körpersprache ein eigenes Kapitel gewidmet werden.

Mit Körperhaltung, Mimik und Gestik wird zusätzlich zu den gesprochenen Worten (oder stattdessen) viel ausgedrückt (siehe auch Kapitel 2). „80 Prozent der Informationen in jedem Gespräch werden über nonverbale (nichtsprachliche) Signale vermittelt“.[45]

Im Idealfall stimmen die gesprochene und die körperliche Aussage überein. Oft genug jedoch vermittelt der Sender einer Botschaft auf diesen beiden Ebenen verschiedene Aussagen. Wer kennt nicht Situationen, in denen jemand beteuert, es gehe ihm gut, dabei aber traurig oder bedrückt aussieht. Wer hat nicht schon einmal jemanden brüllen hören: „Ich bin nicht wütend!“ Oberflächlich glauben wir dem gesprochenen Wort. Im Innersten jedoch trauen wir der Körpersprache. Wir sind dann Opfer einer Doppelbotschaft, die uns verunsichert. Worauf sollen wir antworten? Welchen Teil der Aussage sollen wir ignorieren? In der klientenzentrierten Psychotherapie nach Carl Rogers wird dieses Dilemma thematisiert. Es wird empfohlen, dem Sprecher seine Doppeldeutigkeit zurückzumelden, zu „spiegeln“. („Du sagst, du bist nicht wütend und ich erlebe dich dabei sehr aggressiv.“) Dies ist jedoch nicht unser Alltagssprachgebaren, sondern trainierter Gesprächsführungsstil. Eine solche Erwiderung wird zunächst ungewohnt sein, hilft aber, den Streit zu unterbrechen. Das so genannte „aktive Zuhören“, das Sicherstellen, dass wirklich verstanden wurde, was der andere ausdrücken wollte – möglichst auf den vier Ebenen der Botschaft (siehe Kapitel 2/2) – erleichtert eine Kommunikation ohne Angriffe und Verletzungen (siehe hierzu auch Kapitel 9, Fragetechniken).

Insbesondere in Streitgesprächen, die viel Emotionalität auslösen, reagiert der Mensch auf die über Körpersprache vermittelten Aus-

---

[45] Cicero, Antonia/Kuderna, Julia: Die Kunst der „Kampfrhetorik“ (S. 68)

sagen und drückt selber viel körperlich aus. Manche ziehen z.B. den Kopf zwischen die Schultern, um Schutz zu suchen (vor dem verbalen Angriff). Andere ballen die Fäuste, um sich zu wappnen. Wer sich nach vorne beugt, will einen Angriff erwidern. Andere meiden den Blickkontakt.

In ruhigen Gesprächssituationen schaut man das Gegenüber aufmerksam an, während man ihm zuhört. (Deshalb wird ein Mann, der sich am Frühstückstisch hinter seiner Zeitung verschanzt, auch dann von seiner Frau nicht als aufmerksam zuhörend wahrgenommen, wenn er verbal beteuert, er höre doch zu und gelegentlich „hm, hm" brummt.) Ein Mitarbeiter, der körperlich abgewandt „ja klar" sagt, wenn er einen Auftrag erhält, wird nicht als aufmerksam erlebt. Die Botschaft wird eher als „du kannst mich mal ..." wahrgenommen.

Im Gehirn des Menschen sind verschiedene „Programme" gespeichert, die Gefühl und körperlichen Ausdruck beinhalten. Zu trauriger, niedergeschlagener Stimmung gehört z.B. eine zusammengesunkene Körperhaltung und eine Mimik mit herabhängenden Mundwinkeln. Zu wütender Stimmung gehört Anspannung in der Kiefermuskulatur, in Armen und Händen. Zu fröhlicher Gefühlslage gehört ein erhobener Kopf, offener, nach vorn gerichteter Blick, gerade Schultern, hochgezogene Mundwinkel.

Erlebt man ein bestimmtes Gefühl, so nimmt man automatisch die entsprechende Körperhaltung ein. Allerdings funktioniert das Programm auch umgekehrt. Nimmt man die entsprechende Körperhaltung ein, empfindet man bald darauf auch das dazugehörige Gefühl!

Übung

- *Setzen Sie sich für etwa zwei Minuten ganz klein und zusammengesunken auf einen Stuhl. Schlagen Sie die Augen nieder, senken Sie den Kopf, lassen Sie die Schultern nach vorne fallen und die Mundwinkel hängen. Atmen Sie dabei möglichst flach. Nehmen Sie Ihre Gefühle, Ihre Stimmungslage und Ihre Gedanken wahr.*
- *Setzen Sie sich nun aufrecht auf den Stuhl, straffen Sie die Schultern, blicken Sie gerade heraus mit offenen Augen, halten Sie den Kopf gerade und lächeln Sie. Behalten Sie auch*

diese Haltung zwei Minuten bei und nehmen Sie Ihre Gefühle, Ihre Stimmung und Ihre Gedanken wahr.
- *Bemerken Sie die Unterschiede.*[46]

Es wird deutlich, wie die Stimmung sich verändert hat und auch die Gedanken! Zum „Programm" gehören nicht nur Körperhaltung und Gefühle, sondern auch Gedanken. Im Netzwerk des Gehirns[47] werden diese drei Ebenen zusammen mit der Situation im Gedächtnis gespeichert. Diese Verknüpfung über Assoziationen dient sozusagen der effektiven Ablage. Als Folge davon erinnert man sich in trauriger Stimmung leichter an weitere traurige Erlebnisse, bei fröhlicher Stimmung eher an weitere fröhliche Erlebnisse. Das entsprechende „Programm" wurde aufgerufen, der „Ordner" geöffnet.

Verhaltens- und Erlebensmuster sind eng gekoppelt und, wie bereits erwähnt, gemeinsam gespeichert. Man stellt sich die Struktur des Gehirns in etwa wie ein Netz vor, in dem die Knoten das konkrete Wissen repräsentieren und die Kanten die Verbindungen zwischen den Wissenselementen. Neu erworbenes Wissen wird in das Netz eingearbeitet, quasi eingehängt. Die Verbindungen zwischen den Wissensknoten arbeiten umso schneller, je häufiger sie genutzt werden. Ein Knoten, der aus dem Verhaltensmuster für verbale Angriffe besteht und häufig genutzt wird, kann auch über Umwege, also verschiedene Kanten erreicht werden – z.B. über Frustration, die Wahrnehmung, selbst angegriffen zu werden, das Modell oder Vorbild einer Bezugsperson (evtl. aus der Kindheit), die solch ein Verhaltensmuster zeigt usw. Ähnlich wie bei einem Computerprogramm wird ein solcher Knoten wie ein Programm geöffnet und gestartet.

Diesen Mechanismus kann man sich zunutze machen. Will man sich z.B. selbstsicher fühlen, weil eine wichtige Besprechung bevorsteht, so braucht man nur eine selbstsichere Haltung einzunehmen, um das dazugehörige Gefühl zu aktivieren. Es hilft dabei, sich eine Situation bildlich vorzustellen, in der man sich besonders selbstsicher gefühlt hat, und sich die dabei gedachten Ge-

---

46 Cicero, Antonia/Kuderna, Julia: Die Kunst der „Kampfrhetorik" (S. 70)

47 vgl. Birkenbihl, Vera F.: Das „neue" Stroh im Kopf? Vom Gehirn-Besitzer zum Gehirn-Benutzer.

danken noch einmal bewusst zu machen. Damit wird das „Programm“ gestartet.

Übung

Setzen Sie sich in aufrechter Haltung, mit geraden Schultern und offenem Blick auf einen Stuhl. Denken Sie an eine Situation, in der Sie sich selbstsicher und gut gefühlt haben. Vertiefen Sie sich in das gute Gefühl, die Gedanken („das habe ich gut gemacht, das kann ich“). Konzentrieren Sie sich auf dieses Gefühl.

Nehmen Sie nun eine stehende Position ein und rufen Sie durch Körperhaltung und Gedanken das gleiche gute und selbstsichere Gefühl hervor.

Merken Sie sich Ihre „selbstsichere“ Position und Haltung. Sie können das Gefühl jederzeit wieder hervorrufen, wenn Sie die gleiche Haltung einnehmen und die gleichen Gedanken denken.[48]

Bereits diese zwei kleinen Übungen haben deutlich gemacht, wie sehr die Gefühle von der Körperhaltung beeinflusst werden (und umgekehrt) und damit auch das Verhalten des Menschen bestimmen.

Ebenso kann man seinen Gesprächspartner mit der Körperhaltung beeinflussen. Man signalisiert Abwehr, Feindseligkeit, Zuneigung oder Interesse. Diese Wirkung kann bewusst hervorgerufen oder vermieden werden. Wenn man sich darüber im Klaren ist, welche Gefühle die Körperhaltung des Gesprächspartners auslöst, ist man nicht mehr so leicht zu überrumpeln, fühlt sich also nicht so schnell manipuliert. Die emotionale und die sachliche Ebene sind getrennt; man profitiert von den Informationen beider Bereiche.

Gespräche können blockiert oder weitergeführt werden, indem man die Körpersprache des Gegenübers nachempfindet und verändert.[49] Sitzt der Gesprächspartner mit verschränkten Armen

[48] nach Cicero und Kuderna

[49] vgl. „Pacing und Leading“-Prinzip, z.B. in: Revenstorf, Dirk/Peter, Burkhard (Hrsg.): Hypnose in Psychotherapie, Psychosomatik und Medizin. Manual für die Praxis. (S. 209)

und übereinander geschlagenen Beinen im Gespräch, so kann er in dieser Haltung „begleitet“ werden (Pacing). Man setzt sich ganz ähnlich. Auf der Ebene der Körpersprache heißt das: Ich akzeptiere deine Haltung. Es ist dann nicht mehr nötig, auf verbaler Ebene darauf einzugehen. Man bleibt beim Sachthema. Im Verlauf des Gesprächs kann man seine Haltung Stück für Stück verändern (sie offener werden lassen). Dadurch folgt der Gesprächspartner dieser Ebene Stück für Stück (Leading). Die Atmosphäre ist – ohne Worte – gelockert, ohne Druck auszuüben.

Körpersprache kann auch in Verhandlungen genutzt werden, in denen nicht nur zwei Personen, sondern zwei Teams verhandeln. Gesten können vorher vereinbart werden und zur Beruhigung, zum Anzeigen von Sprecherwechsel o.Ä. eingesetzt werden. Körperhaltung und -sprache können zur Information genutzt werden, zur Veränderung eigener Gefühle und Stimmungen, zur Unterstützung verbaler Argumente (Gestik, Gebärden), zur Kontaktaufnahme.

Tipp

Vereinbaren Sie mit einem Kollegen bestimmte Signale, die Ihnen z.B. in einer Sitzung helfen, Ihre Ziele im Auge zu behalten. Sie können z.B. einen Hauptsprecher festlegen, der die Forderungen vorstellt, einen Sprecher, der auf Gegenargumente reagiert, einen, der aufpasst, ob Sie noch am Thema diskutieren.

Alle möglichen Gegenargumente können Sie in einer Vorbesprechung sammeln und sich schon vorher Erwiderungen dazu überlegen. Vereinbaren Sie Signale, mit denen Sie sich untereinander anzeigen, dass Sie die Redezeit überschreiten, stark emotional reagieren, sich auf einen Nebenstrang der Diskussion haben locken lassen. Solche körperlichen Signale können sein: eine kurze Berührung am Ellenbogen (wenn Sie nebeneinander sitzen), eine klare Handbewegung (Stopp-Signal; wenn Sie sich gegenüber sitzen), das Herüberschieben eines Notizzettels mit einer kurzen Botschaft (nur Stichwort) o.Ä.

Zur Körpersprache gehört auch der Umgang mit Nähe und Distanz. Man erlebt einen ganz exakt definierten Abstand zwischen dem Gesprächspartner und sich selbst als angenehm. Wird dieser

Abstand unterschritten, hat man den Eindruck, der andere komme zu nahe, rücke zu nah „auf die Pelle". Man fühlt sich unwohl und versucht, den „richtigen" Abstand wiederherzustellen. Kommt der Gesprächspartner nach, fühlt man sich „an die Wand gedrängt", unter Druck gesetzt. Wird der Abstand jedoch zu groß, hat man das Gefühl, ein echtes Gespräch komme gar nicht zustande, der Kontakt wird nicht hergestellt. Der „richtige" Abstand ist abhängig von Herkunft und familiärer Prägung (siehe auch Kapitel 2/1).

Im hiesigen Sprachraum bildet eine Armlänge Entfernung den „richtigen" Abstand. Mehr Nähe bedeutet mehr Vertrautheit, entweder eine schon bestehende oder den Wunsch danach. Größere Distanz bedeutet Zurückhaltung.

Um Spannungen im Gespräch abzubauen, genügt es häufig, den Kopf leicht schräg zu halten, sozusagen den Hals ungeschützt darzubieten. Dies ist im Tierreich eine Geste, die Wehrlosigkeit andeutet und zur Vermeidung weiterer Angriffe führen soll. Für Menschen gilt diese Geste ebenso.

Sitzen beide Gesprächspartner am Verhandlungstisch, der eine bringt Argumente vor, der andere lehnt sich zurück, so lässt sich daraus schließen, dass er sich auch vom Inhalt des Gesprächs zurücklehnt, also distanziert. Weitere Argumente erreichen ihn nicht mehr.

Soll die Stimme in der Verhandlung schwingungsfähig bleiben, so sollte auch der Körper bewegungsfähig sein. Körperliche Gestik und Bewegung befähigt also auch zu mehr sprachlicher oder stimmlicher Bewegungsfähigkeit und somit mehr Lebendigkeit. Eine monotone Stimme erwirkt kaum Aufmerksamkeit beim Zuhörer (siehe auch Kapitel 8/2, Spielen mit der Lautstärke).

Auch die Atmung hat Einfluss auf den körperlichen Ausdruck und den Eindruck, den andere vom Sprecher bekommen. Tiefe, unverspannte Atmung strahlt Selbstbewusstsein und Selbstsicherheit aus. Eine aufrechte Haltung wird eingenommen. Flache Atmung mit eingefallener Körperhaltung wirkt ängstlich und scheu.[50]

---

[50] vgl. Molchow, Sammy: Körpersprache im Beruf.

6 Kann man Schlagfertigkeit lernen?

Die erste Frage in unseren Seminaren zu Schlagfertigkeit bei verbalen Angriffen ist immer die, ob Schlagfertigkeit überhaupt gelernt werden könne. In Kapitel 4/6 (Persönlichkeit) wird bereits beschrieben, wie unsere Grundpersönlichkeit unsere Streitmentalität beeinflusst. Ergänzend sei hier die Funktionsweise des Gedächtnisses angeführt. Natürlich kann man alles lernen! Das Gehirn hat eine Speicherkapazität, die kaum jemand richtig auszuschöpfen vermag. Das Gehirn arbeitet mit Bildern und Verknüpfungen, baut so aus verschiedenen Wissenselementen ein „Netz".[51] Da Verknüpfungen vorgenommen werden, merken wir uns die Dinge leichter bzw. können sie eher wieder abrufen, wenn schon Ähnliches zum Anknüpfen gefunden wurde. Verhaltensweisen, die unserem üblichen Verhalten nahe sind, können wir uns also leichter aneignen als Verhaltensweisen, die uns sehr fremd erscheinen. Für das Erlernen schlagfertiger Techniken ist es also hilfreich, die Techniken auszuwählen, die „nahe liegen", da eine Verknüpfung eher möglich ist als bei Techniken, die „weit hergeholt" scheinen. Welche Techniken dem Menschen „liegen", hat also etwas mit seiner Grundpersönlichkeit zu tun und mit seinen Neigungen.

Anders formuliert: Wenn man sich Techniken aneignen will, die erst mal fern liegen, so müssen Anknüpfungspunkte gesucht werden, um sie im Gehirn verankern zu können. Solche Anknüpfungspunkte können z.B. bekannte Personen sein, bei denen man solche Verhaltensweisen erlebt hat. Damit ist die Technik an eine konkrete Erinnerung gekoppelt und man kann sich in der Situation die entsprechende Person vorstellen („Was würde A jetzt sagen/tun?").

Hinzu kommt, dass Gelerntes eher abgerufen werden kann, wenn es häufig genutzt wird. Im Alltag kennt man dies z.B. von Telefonnummern. Die Nummern, die man häufig anwählt, kann man „im Schlaf hersagen". Die eigene Telefonnummer jedoch, die sehr sel-

[51] vgl. Birkenbihl, Vera F.: Das „neue" Stroh im Kopf? (S. 43 ff.)

ten gewählt wird, „sitzt“ nicht so sicher. Oder, mit dem Volksmund gesprochen: Übung macht den Meister!

Um eine gute und sichere Verknüpfung zu bereits vorhandenem Wissen und vorhandenen Fähigkeiten herstellen zu können, empfiehlt es sich, zunächst die Techniken zu üben, die einem „liegen“. Hier bietet sich der Vergleich zu einem gut sitzenden Anzug an. In einem solchen fühlt man sich wohl und sicher. Trägt man hingegen einen zu großen (oder zu engen) Anzug, so fühlt man sich unsicher und unwohl. Er „passt nicht“. Genauso kann mit neuen Verhaltensweisen umgegangen werden. In manche Techniken wird man vielleicht noch hineinwachsen, aber für den Moment ist es sinnvoll, eine „passende“ Technik zu üben und sich Routine anzueignen.

6/1 Fünf Phasen des Umlernens

Man geht von fünf Phasen des Umlernens aus.

- Die *erste Stufe* ist die der theoretischen Einsicht. Man weiß bereits, welche Gedanken nicht hilfreich wirken und wie man sie ersetzen möchte. Das ABC der Gedanken und Gefühle ist bewusst und hilfreiche Gedanken und Verhaltensweisen sind erarbeitet.
- Die *zweite Stufe* ist die der Übung. Hier werden die neuen Gedanken und Verhaltensweisen eingeübt. Dies kann in der Vorstellung oder tatsächlich in realen Situationen geschehen.
- Die *dritte Stufe* jedoch birgt die Schwierigkeit des Widerspruchs zwischen Kopf und Bauch. Man hat das Gefühl, sich mit den neuen (Angst reduzierenden oder Selbstbewusstsein stärkenden) Gedanken selber etwas einzureden. Das altbekannte Gefühl ist nach wie vor da, nur dass man dabei neue und noch etwas unvertraute Gedanken denkt. Wie soll das gehen? Sowohl die alten Gedanken als auch die Gefühle sind vertraute alte Gewohnheiten. Selbst wenn neue und hilfreiche Gedanken eingeübt werden, so bleibt doch erst einmal das alte Gefühl vorherrschend. Hier ist es wichtig, am Ball zu bleiben und dennoch auf seinen Verstand zu hören. Der Verstand ist in

der Lage, die Situation nach Tatsachen zu bewerten und zu entscheiden, welches Verhalten hilfreich ist und durch welche hilfreichen Gedanken man unterstützt werden kann. Das Gefühl hinkt da etwas hinterher und bleibt aus alter Gewohnheit erst einmal so wie immer. Bei konsequenter Übung der neuen Gedanken- und Verhaltensmuster wird es jedoch nachziehen und sich der Situation und der eigenen Befindlichkeit entsprechend angemessen verändern.
- In der *vierten Stufe* stimmen dann Kopf und Bauch überein. Man fühlt sich so, wie man denkt.
- Die *fünfte Stufe* ist dann die der neuen Gewohnheiten. Nun sind die neuen Denk- und Verhaltensmuster in Fleisch und Blut übergegangen. Sie bedürfen nicht mehr der bewussten Aufmerksamkeit, sondern werden sozusagen automatisch angewandt.[52]

Dieser Prozess vollzieht sich jeweils in allen fünf Stufen. Ob man Ängste überwinden, sein Selbstbewusstsein stärken oder Schlagfertigkeit und Reaktion auf verbale Angriffe üben will, ein Umlernprozess findet dabei immer statt. Dieser Lernprozess braucht Zeit und Geduld, aber auch Motivation und Lust auf Veränderung. In jedem Falle ist es eine Weiterentwicklung der eigenen Persönlichkeit, die den Teil des Johari-Fensters vergrößert, der einem selbst und anderen bekannt ist (siehe Kapitel 4/6, Persönlichkeit).

Zudem ist ein Lernprozess und eine Weiterentwicklung immer eine Herausforderung. Die richtige Mischung aus Herausforderung und eigenen Fähigkeiten macht das aus, was „Flow“ genannt wird und ein wesentliches Element von Glück ist.[53] Die Herausforderung darf dabei nicht zu groß sein, da sonst Angst und Unsicherheit entstehen würden. Wäre sie aber zu gering und würden die eigenen Fähigkeiten nicht entsprechend genutzt, so entstünden Unterforderung und Langeweile. Herausforderungen im Sinne neuer Lernerfahrung sind also auch notwendig zum Erleben von Glück und Erfolg.

---

[52] vgl. Merkle, Rolf: Laß Dir nicht alles gefallen. Wie Sie Ihr Selbstbewußtsein stärken und sich privat und beruflich besser durchsetzen können.

[53] vgl. Seiwert, Lothar J./Konnertz, Dirk: Zeitmanagement für Kids – fit in 30 Minuten. (S. 22 f.)

7 Techniken einsetzen

Führt man sich die Konfliktkurve aus Kapitel 1/1 vor Augen, stellt sich natürlich die Frage: Wann setzt man eine Schlagfertigkeitstechnik ein, wann wehrt man einen verbalen Angriff ab und in welcher Form? Hier ist einerseits wichtig herauszufinden, an welcher Stelle der Konfliktkurve sich die Gesprächspartner gerade befinden. Zum anderen ist der Rahmen relevant, in dem das Gespräch stattfindet (Vorgesetzter gegen Untergebenen, gleichberechtigte Kollegen ...).

Es ist sinnvoll, sich hier sozusagen einen Schritt aus dem Teufelskreis zu entfernen und die Situation von außen zu betrachten. Schulz von Thun spricht von einem „Feldherrnhügel", von dem aus man die Situation mit Abstand betrachten sollte, um dann in aller Ruhe eine Strategie zu entwickeln bzw. anzuwenden (siehe auch Kapitel 8/4, Feldherrnperspektive).[54]

Die möglichen Arten, mit verbalen Angriffen umzugehen, sollen hier in drei Sparten geordnet werden:

A Präventive Maßnahmen
B Aktion
C Zurück zur konstruktiven Ebene

A Präventive Maßnahmen

Unter präventiven Maßnahmen sollen solche verstanden werden, die im Vorfeld eine Deeskalation bewirken, also ein Vermeiden der Zuspitzung der Situation.

Erstens: Blick von außen

Als eine präventive Maßnahme im Rahmen eines Konfliktgesprächs kann der oben beschriebene Blick vom „Feldherrnhügel" genannt werden.

Die Frage, wie die beteiligten Parteien zum Konflikt stehen, muss zunächst beantwortet werden.

---

54 vgl. Schulz von Thun, Friedemann: Miteinander reden: Störungen und Klärungen. (S. 92)

Zweitens: Abklären der Erwartungen

Auch die Erwartungen sollten klar herausgearbeitet werden. Soll ein konfrontatives oder ein beruhigendes Gespräch angestrebt werden? Was für eine Haltung, Position, Reaktion wird vom Gesprächspartner erwartet?

Drittens: Festsetzen der Ziele

Wichtig ist auch die Definition von Zielen. Was soll in diesem Gespräch erreicht werden? Hier kann auf die Übung aus Kapitel 4/4 verwiesen werden. Wenn das eigentliche Ziel klar ist, kann auch der Weg dorthin leichter geplant und gegangen werden.

Viertens: Festlegung des Rahmens

Ferner ist die Überlegung wichtig, in welchem Rahmen das Gespräch stattfinden soll. Wer ist auf welcher Seite beteiligt, wer übernimmt welche Aufgaben? Wo soll das Gespräch stattfinden, wie soll die Sitzordnung aussehen? In welcher Atmosphäre soll die Besprechung stattfinden? Wer die Sitzordnung festlegt, hat den Vorteil, sich die strategisch günstigen Positionen auszusuchen. Soll das Treffen zwanglos und informell stattfinden oder ist ein offizieller Rahmen (schriftliche Einladung, Protokoll, Gesprächsführung ...) wichtig?

Im Falle überraschender verbaler Angriffe, wie sie ja häufig vorkommen, können solche Vorüberlegungen selten angestellt werden. Hier ist eine Prävention, eine Vermeidung der Eskalation in der Situation durch entsprechende „Wahl der Waffen" möglich. Aber auch eine Vorbereitung ist machbar, und zwar auf der Ebene der Stärkung des Selbstbewusstseins und durch Üben verschiedener Antwortmöglichkeiten.

Fünftens: Selbstbewusstsein stärken

Das Selbstbewusstsein zu stärken ist am ehesten durch einen gut funktionierenden Freundeskreis und das Erleben eigener Stärken und Fähigkeiten im privaten Rahmen möglich. Auch gut gemeisterte berufliche Aufgaben erhöhen natürlich das Selbstwertgefühl. Wer sich selbst als zufriedenen, fähigen Menschen erlebt, der wird durch einen überraschenden verbalen Angriff nicht so leicht aus der Bahn geworfen wie jemand, der ohnehin an sich zweifelt. Hier eignet sich gut die Übung zu Stärken und Schwächen, die in Kapitel 4/5 vorgestellt wurde, sowie die Übung aus Kapitel 4/7. Auch die Rückmeldung durch Partner, Freunde oder Arbeitskollegen leistet gute Dienste, denn häufig sehen Außenstehende Fähigkeiten, die man selbst gar nicht als Stärke erlebt.

Das klassische Seminarbeispiel („Gehst du schon wieder Kaffeetrinken?") wurde von den Seminarteilnehmern ganz unterschiedlich aufgenommen. Während ein Teil der Teilnehmer gelassen darauf reagierte („Nee, ich trinke immer Tee", „Ja, soll ich dir 'ne Tasse mitbringen?"), wurden andere fuchsteufelswild. Sie fühlten sich nicht respektiert, ihre Arbeit und ihr Engagement nicht gewürdigt. Hier ist es sinnvoll, auch zu schauen, warum eine Beleidigung oder ein verbaler Angriff so aus dem Konzept bringen kann. Was für Gedankengänge finden auf der Empfängerseite statt, welche auf der Seite des Senders? Oft haben sprachliche „Ausraster" ihre Ursache in einer Frustration des Senders. Sie dienen dem Abbau dieser Frustration und meinen gar nicht den Empfänger persönlich. Dass dieser sich gekränkt fühlt, bedeutet, dass er sich „den Schuh anzieht, statt ihn nur anzusehen".[55]

Sechstens: Erste Techniken für Einsteiger[56]

Einfache Techniken zu üben erlaubt auch bei Überraschungsangriffen eine Erwiderung, die sicher und geübt vorgebracht werden kann. Solche Techniken sind z.B.:

a) „Loriot-Technik"
   „Ach was", „Wirklich?", „Sieh an" sind einfache Erwiderungen, die weitere aggressive Äußerungen verhindern.
b) Aktives Zuhören
   Eine weitere Maßnahme, die im Vorfeld die Zuspitzung von Konflikten vermeiden hilft, ist das aktive Zuhören. In Kapitel 2/2 und 5 haben wir über die vier Ebenen einer Botschaft und das aktive Zuhören oder „Spiegeln" geschrieben (siehe auch

---

[55] Miller, Reinhold: Sie Vollidiot! Von der Beschimpfung zum konstruktiven Gespräch. (S. 86 ff.)

[56] zu diesem Kapitel siehe auch Müller, Meike: Schlagfertig! Verbale Angriffe gekonnt abwehren. (S. 48 ff.)

Kapitel 8/11 Zuhören, 8/12.1 Spiegeln und 8/12.2 Regeln des Spiegelns).
Wenn es gelingt, die verschiedenen Aussagen auf den vier Ebenen deutlich zu machen und dem Gesprächspartner zurückzumelden, kann eine Klärung der Situation erreicht werden, die weitere Angriffe unnötig macht. Nachfragen, wie z.B. „Was meinst du damit?", „Warum bist du jetzt so sauer?", „Was erwartest du von mir?", können mögliche Fragen sein.

c) „Genau-Technik"
Am Kaffee-Beispiel demonstriert: „Du gehst ja sowieso nur zum Betriebsrat, um Kaffee zu trinken" – „Ganz genau, das macht die Arbeit angenehmer."

d) „Politiker-Technik"
Um Zeit zu schinden, kann einem Vorwurf auch so begegnet werden: „Du hast ja überhaupt nichts für mich erreicht" – „Da muss ich noch mal in meine Notizen schauen, ich sage dir morgen Bescheid, wie es gerade steht."

e) „Entschuldigung"
Von Frauen oft genutzt, ist diese Technik für Männer schwer vorstellbar. Im Seminar fürchten Männer oft, nach dem Motto behandelt zu werden: „Wer sich entschuldigt, klagt sich an." Ganz im Gegenteil ist eine Entschuldigung da, wo sie stimmig ist, auch sehr nützlich. Beispiel: „Sie haben mir immer noch nicht den Bericht gegeben." – „Das tut mir Leid, ich werde mich noch heute darum kümmern."

f) „Wie-bitte-Technik"
Auf einen verbalen Angriff zu reagieren, indem man einfach „Wie bitte? Ich habe Sie eben nicht verstanden" entgegnet, erfordert schon eine gewisse Distanz. Der Gesprächspartner wird jedoch dazu gebracht, seinen Angriff noch einmal zu überdenken. In der Regel wird er abwinken und den Angriff nicht wiederholen. Verfeinern kann man diese Technik mit einem leichten „Missverständnis". Man wiederholt den Angriff, gibt dabei aber vor, etwas falsch verstanden zu haben: „Sie haben aber auch nie eine gute Idee" – „Tee? Nein danke, ich trinke lieber Kaffee."[57]

g) „Der-gewisse-Blick-Technik"
Statt einer verbalen Antwort kann auch einfach nur eine

[57] vgl. Müller, Meike: Schlagfertig! Verbale Angriffe gekonnt abwehren.

körperliche Reaktion gezeigt werden. Der „gewisse Blick“, das leicht genervte Nach-oben-Schauen oder auch nur eine wegwerfende Handbewegung ohne Kommentar reichen oft schon aus.

Siebtens: Entspannung

Zur Vorbereitung eines Gesprächs kann auch der Einsatz von Atem- und Entspannungstechniken nützlich sein. Die in Kapitel 4/7 (Selbstsicherheit) und 4/8 (Angst und Hemmung) sowie Kapitel 5 (Körpersprache) vorgestellten Übungen leisten hier gute Dienste. Die Atmung zu beruhigen, dem Körper zu signalisieren, dass die Situation zu bewältigen ist, und die Körperhaltung so zu kontrollieren, dass eine selbstsichere Ausstrahlung und das entsprechende Gefühl hervorgerufen werden, sind eine gute Basis, ein Konfliktgespräch zu meistern.

Achtens: Ruhe bewahren

Einerseits ist dies schon durch Entspannung und Atemtechnik möglich, andererseits ist aus Kapitel 4/7 bekannt, dass die Gedanken die Gefühle und das Verhalten bestimmen. Gelingt es also, die eigenen Gedanken so zu steuern, dass die Kränkung und damit auch die eigene Tendenz zur Aggression gering bleibt, kann das Gespräch nicht so leicht aus der Hand gleiten – die Kontrolle über die Situation bleibt erhalten. Wenn der andere beleidigend wird, hat das etwas mit seinen Gefühlen zu tun! Die Zuschreibung der Bedeutung („der hat einen schlechten Tag“ statt „der hat was gegen mich“) macht den entscheidenden Unterschied. Solange die Aggression des Gegenübers nicht der eigenen Person zugeschrieben wird, bleiben auch die eigenen Gefühle eher ausgeglichen und man kann entsprechend reagieren. Die Anspannung bleibt in dem Bereich, in dem maximale Konzentration möglich ist und die Wahlmöglichkeit für verschiedene Reaktionsweisen noch vorhanden ist.

Sämtliche aufgeführten Möglichkeiten der Vorbereitung haben zur Folge, dass ein Gefühl des „Gewappnetseins“ entsteht. Vom Reagierenden, der völlig überrascht und perplex ist, wird man zum Agierenden, der für solche Situationen gerüstet ist.

B Aktion

Als grundsätzliches Vorgehen bei verbalen Angriffen empfiehlt es sich, nach folgendem Muster vorzugehen:[58]

Erstens: Beschimpfung stoppen

Hier gilt es, Grenzen zu setzen, auf einem angemessenen Ton zu bestehen („reden Sie bitte in einem respektvollen Ton mit mir – ich werde das Gespräch sonst beenden“).

Zweitens: Beschimpfung verstehen

Nachfragen, was die Beschimpfung ausgelöst hat („worüber genau bist du denn wütend?“)

Drittens: Verhaltensänderung einfordern

Was wird vom anderen erwartet, wie er seinem Unmut Luft machen soll („sag mir lieber gleich, worüber du dich ärgerst, statt mich zu beschimpfen“)?

Viertens: Anderes Verhalten ermöglichen

Dem Gegenüber helfen, seinen Ärger anders auszudrücken, z.B. Zeit nehmen, nachfragen.

Die weiteren Techniken sollen in zwei Gruppen aufgeteilt werden. Zum einen sollen Möglichkeiten beschrieben werden, „spontan“ auf verbale Angriffe zu reagieren. Zum zweiten sollen Strategien beschrieben werden, die sich vorbereitet in Gesprächen einsetzen lassen.

„Spontane“ Reaktionen

a) „Killerphrasen“ stoppen[59]
   Häufig werden in Konfliktgesprächen so genannte Killerphrasen eingesetzt. Sie beinhalten schon im Vorhinein ein negatives Ergebnis und wirken abwertend. Beispiel: „Das bringt doch sowieso nichts“, „Das hat letztes Mal ja auch nicht funkti-

[58] vgl. Miller, Reinhold: Sie Vollidiot! (S. 91)

[59] vgl. Neumann, Reiner: Schlagfertig reagieren im Job: sicher auftreten, gekonnt argumentieren, sich erfolgreich zur Wehr setzen. (S. 60 ff.)

oniert", „Das wird doch nie was". Solche Killerphrasen sind dazu geeignet, eine konstruktive Diskussion zu stoppen und den Gegner in die Defensive zu drängen. Geeignete Antworten können im Voraus auswendig gelernt und in der entsprechenden Situation angebracht werden. Beispiele: „Das bringt doch sowieso nichts!" – „Um das herauszubekommen, müssen wir einen Versuch wagen". „Das hat letztes Mal ja auch nicht funktioniert!" – „Darum wollen wir es diesmal besser machen". „Das wird doch nie was!" – „Wir werden sehen". Wichtig ist, nach der Antwort gleich wieder in die inhaltliche Diskussion einzusteigen. Ziel des Angriffs war ja, den Gesprächspartner aus dem Konzept zu bringen. Deshalb nur kurz antworten und den „roten Faden" gleich wieder aufnehmen.

b) Grenzen setzen
Mit einem verbalen Angriff geht häufig eine Beleidigung bzw. die Verletzung der persönlichen Würde einher. Hier gilt es, Grenzen zu setzen. Wenn jemand persönlich angegriffen wird, ist es angemessen, sofort zu unterbrechen. Beispiel: „Sie sind wohl zu blöd dazu!" – „Sie beleidigen mich, ich möchte, dass Sie in respektvollem Ton mit mir sprechen". Auf die Inhalte oder weitere Beschimpfungen sollte man gar nicht mehr eingehen. Vielmehr kann auch das Verlassen des Raums eine geeignete Maßnahme sein, derartige Schimpftiraden zu beenden.

c) Nachfragen
Ein genaues Nachfragen bringt den Gegner in die Defensive. Er muss entweder den Angriff erklären und somit offen den Konflikt verschärfen oder die Sachebene wieder betreten und die Inhalte erläutern. Beispiel: „Was erlauben Sie sich eigentlich?" – „Was genau meinen Sie damit?". „Dieser Bericht ist ja katastrophal!" – „Was genau finden Sie an diesem Bericht nicht in Ordnung?" Die Nachfrage sollte in möglichst ruhigem Tonfall vorgetragen werden. Auf die Beleidigung, die kränkenden Gefühle wird gar nicht eingegangen, die sachliche Ebene steht im Vordergrund (siehe auch Kapitel 9, Fragen).

Vorbereitete Strategien

Sind die Bedingungen (Rahmen, Ort, Zeit, Personen usw.) geklärt, kann eine Strategieplanung stattfinden.

Winston Churchill, der für seine Schlagfertigkeit bekannte englische Politiker, hat seine Reden stets so vorbereitet, dass er mögliche Einwände oder Kritiken bedacht und dafür bereits Erwiderungen ausgearbeitet hat. Eine „spontane" Reaktion während der Debatte war also meistens eine kalkulierte Provokation mit vorausberechneter Antwort. Er hatte allerdings auch einen bestimmten Stil und arbeitete gern mit sprachlichen „Retourkutschen". So sandte George Bernhard Shaw einmal zwei Eintrittskarten für die Premiere seines neuen Theaterstücks an Churchill. Dieser hatte sich durch seinen Parteiwechsel gerade viele politische Feinde gemacht. Shaw schrieb, er sende Churchill zwei Eintrittskarten, „bringen Sie einen Freund mit, wenn Sie noch einen haben!" Churchill antwortete, er sei leider beruflich verhindert, „komme aber gern zur zweiten Vorstellung, wenn es noch eine gibt!" Wie oben gesagt, gibt es bestimmte Muster und Verhaltensweisen, die uns liegen. Diese sollten wir weiter ausbauen. Nicht jeder sollte Churchill werden wollen!

a) Retourkutsche
   Diese Technik bedarf, wie schon gesagt, der Vorbereitung. Manche Angriffe finden so oder ähnlich statt, eine geeignete Erwiderung kann vorbereitet werden. Man sollte allerdings den geeigneten Zeitpunkt abwarten, an dem die Erwiderung auch wirklich den Punkt trifft und nicht seinen kostbaren „Schatz" bei nichtigen Situationen „vergeuden".
   Für eine verbale Retourkutsche wird ein Teil des Angriffs wörtlich oder vom Inhalt her aufgegriffen. Dieser Teil wird dann in die Antwort eingebaut. Mit einer Prise Humor gewürzt, wirkt die Entgegnung natürlich noch besser. Wie sagte schon der Dichter Ringelnatz? – „Humor ist der Knopf, der verhindert, dass einem der Kragen platzt!" Beispiel: „Schreib' du mal heute das Protokoll, falls du das kannst" – „Ich werde es dir dann 'rübergeben, falls du es lesen kannst".
b) Und deshalb
   Manche Angriffe beinhalten eine versteckte oder offene Abwertung der eigenen Fähigkeiten. Diese vermeintlichen Schwächen können als Stärken genutzt werden. Der Spieß wird sozusagen umgedreht und die Spitze auf den Gegner gerichtet. Beispiel: „Du hast doch noch nie eine Sitzung vorberei-

tet." – „Und deshalb werde ich mir auch ganz besonders Mühe geben."[60]

c) Besser-als-Technik[61]
Ein wenig sprachliches Geschick und Übung erfordert auch diese Technik. Hier wird die vermeintliche Schwäche aufgegriffen und ebenfalls zur Stärke gemacht. Jedoch ist hier eine Prise Humor enthalten, die dem Angriff den Ernst nimmt. Unterschwellig wird die Antwort zum Gegenangriff. Beispiel: „Ihr im Betriebsrat trinkt ja sowieso den ganzen Tag Kaffee." – „Besser den ganzen Tag Kaffee trinken als gar nichts tun."

d) Torero-Taktik[62]
Diese Technik wirkt, indem sie einen Teil des Angriffs aufnimmt und bestätigt, den zweiten Teil jedoch einfach durchlaufen lässt – olé! Beispiel: „Ihr steckt mit der Betriebsleitung ja sowieso unter einer Decke! So oft wie Ihr zusammenhockt und redet." – „Ja, ein gutes Gesprächsklima mit der Betriebsleitung ist wichtig, da hast du Recht."

Der Effekt, die eigenen verletzten Gefühle aus der Erwiderung herauszuhalten und nur auf den Inhalt zu antworten, wirkt mindernd auf die Aggression.

C Zurück zur konstruktiven Ebene

Gleichgültig, wie der Schlagabtausch zwischen Angriff und Erwiderung nun genau ausgesehen hat, er hat keine Lösung des Konflikts herbeigeführt. Diese muss nun erfolgen. Es ist wichtig, zum eigentlichen Thema zurückzukehren, wenn der verbale Angriff aus einer Diskussion heraus erfolgt ist („so, nun zurück zum Thema ..."). Ist der Angriff sozusagen im Vorbeigehen erfolgt, wie bei unserem beliebten Kaffee-Beispiel, so könnte je nach Reaktion ein Kontaktabbruch erfolgen (Weggehen und Kopfschütteln, oder „Eigentlich trinke ich lieber Tee – ich will ihn auch nicht kalt werden lassen, tschüß"). Es ist jedoch auch möglich, an die schlagfertige Antwort ein Gespräch anzuknüpfen, im Grunde mit der Erwiderung überhaupt erst Kontakt aufzunehmen („klar trinken wir Kaffee, das macht die Arbeit angenehmer – aber sag' mal, welche

---

60 vgl. Müller, Meike: Schlagfertig! Verbale Angriffe gekonnt abwehren. (S. 58 ff.)

61 vgl. ebenda (S. 54 ff.)

62 vgl. Cicero, Antonia/Kuderna, Julia: Die Kunst der „Kampfrhetorik". Power-Talking in Aktion. (S. 92 ff.)

Laus ist dir denn über die Leber gelaufen, dass du mich hier so anmachst?").

Auf jeden Fall ist ein Gesprächsangebot wichtig, da ein verbaler Angriff, wie bereits in Kapitel 4/6 (Persönlichkeit) beschrieben, aus eigener Unzufriedenheit heraus erfolgt oder das Resultat von Fehlinterpretationen oder Erwartungen ist. Dies gilt es zu klären, da sonst der Konflikt weitergärt und immer wieder zu ähnlichen Ausbrüchen führen würde. Hierzu eignen sich Strategien zu Konfliktbewältigung und Gesprächsführung, wie sie in den folgenden Kapiteln genauer dargestellt werden. Aber auch einfaches Nachfragen ist sinnvoll, um den Grund des Konflikts möglichst genau herausarbeiten und Abhilfe schaffen zu können.

Zunächst mit einem innerlichen STOPP, einem tiefen Durchatmen und dem Übersetzen der Botschaft. „Je lauter das Gegenüber, desto stärker dessen Not!"[63] Damit kann innerlich Distanz geschaffen und die Freiheit erreicht werden, gezielt zu erwidern – mit den jeweils angemessenen und passenden Strategien.

[63] Miller, Reinhold: Sie Vollidiot! (S. 97)

8 Strategien für spezielle Fälle

Nachfolgend sollen besonders schwierige Situationen behandelt werden oder solche, für die einiges an Übung oder Vorbereitung nötig ist. Hier werden nun differenzierte Techniken vorgestellt, die sozusagen wieder das „Sahnehäubchen“ auf der Cappuccino-Tasse der verbalen Angriffe ausmachen.

8/1 Umgang mit aggressiven Zeitgenossen

Es gibt Menschen, die immer dann, wenn etwas nicht nach Plan läuft, mit Aggressionen auf diesen unangenehmen Sachverhalt reagieren. Oft agiert dann der Typ „harte Schale – weicher Kern“. Diesen Zeitgenossen fehlen alternative Methoden. Sie haben herausgefunden, dass eine aggressive Reaktion das Gegenüber erst einmal „in Deckung“ gehen lässt. So kommen sie erst gar nicht in die Schusslinie. Sie handeln getreu dem Motto: „Angriff ist die beste Verteidigung“.

In der Regel sind solche Menschen meist einsam. Wer will schon etwas mit jemandem zu tun haben, der bei jeder Gelegenheit „aus der Haut fährt“?

Ein solcher Zeitgenosse ist daher meist dankbar, wenn er alternative Konfliktlösungsmöglichkeiten aufgezeigt bekommt. Reagiert er moderater in Konfliktsituationen, sinkt sein Grad an Einsamkeit. Wenn er erst einmal erkannt hat, dass andere Reaktionsweisen vorteilhafter für ihn sind, ist er auch bereit, neue Wege zu gehen. Er lernt!

Wer lernen will, ist dankbar für alternative Angebote und nimmt sie mit Freude an. Erst wenn er an einen Punkt der Überforderung gelangt, greift er wieder auf altbekannte Verhaltensweisen zurück, in unserem Fall also zum aggressiven Verhalten.

Unbewusst ist er aber nun trotz seiner Aggression bereit, die neu erfahrenen Verhaltensweisen anstelle seines aggressiven Verhaltens anzuwenden. Er handelt friedfertiger, da sich sein Verhaltensrepertoire nun eindeutig vergrößert hat.

An dieser Stelle drängt sich natürlich die Frage auf: Wie stellt man es eigentlich an, einem derart aggressiven Menschen neue, nicht aggressive Verhaltenmuster zu eröffnen?

Eine Möglichkeit bestünde z.B. in der „Früherkennung“ aggressiven Verhaltens bzw. eines Aggressionsschubs. Denn auch hier gilt: Je früher man intervenieren kann, desto größer ist die Chance, den Aggressionsausbruch und somit den verbalen Angriff zu stoppen.

8/2 Nonverbale Strategien

Tiere wären wahrscheinlich in der Lage, durch bloßes Riechen den Aggressionsschub des Artgenossen oder eines Menschen vorauszuahnen, da deren Körperausdünstungen sich während eines solchen Prozesses sicherlich ändern. Diese Möglichkeit ist uns Menschen aber leider nicht mehr bewusst vorhanden. Jedoch werden Gerüche im Unterbewusstsein wahrgenommen und wirken sich auf unser Handeln aus.

Der Mensch hat sich im Laufe der Zeit zu einem Laut- und Sichtwesen entwickelt, d.h., er kommuniziert überwiegend über das Sehen und die Sprache. Wie schon an anderer Stelle erwähnt, kommunizieren wir während eines Gesprächs oder einer Auseinandersetzung nur zu etwa 20 Prozent über unsere Sprache. Die restlichen 80 Prozent sind nonverbal, d.h. werden über nicht sprachliche Signale vermittelt. Hier nimmt die Körpersprache natürlich einen hohen Anteil ein (siehe auch Kapitel 5).

Wer „angreifen“ will, signalisiert dies zumeist durch das Vorneigen des Kopfes. Er macht sich größer, um dem Gegenüber zu imponieren. Er nimmt eine sichere Position ein und holt noch einmal tief Luft, damit ihm während seiner bevorstehenden Schimpftirade die Puste nicht ausgeht!

Will man einen verbalen Angriff abwehren, muss man diese Signale erkennen und nutzen können; dann ist es auch möglich, den nonverbalen Angriffen eine nonverbale Besänftigungstaktik entgegenzusetzen oder durch das Einsetzen der eigenen Körpersprache zu versuchen, solche Situationen bewusst zu steuern.

Werfen wir wieder einen Blick auf die Tierwelt: „Wenn zwei Hunde sich anknurren, so stehen sie sich immer frontal gegenüber. Vermeiden Sie diese frontale Position. Wenn es die Gesprächssituation ermöglicht, bitten Sie den anderen, Platz zu nehmen, und setzen Sie sich leicht über Eck. Vermeiden Sie Barrieren wie einseitig geschlossene Tische und unterschiedlich hohe Sitzgelegenheiten. Bieten Sie Ihrem Gesprächspartner etwas zu trinken an. Wenn er das verärgert zurückweist, ist das nicht schlimm, es zählt vor allem die Geste, und zwar auf der schon erwähnten Instinktebene."[64]

8/3 Spielen mit der Lautstärke

Ein Indiz für einen verbalen Angriff ist durch die Veränderung in der Stimme gekennzeichnet:

„Aggressive Personen sprechen meist ziemlich laut. Man ist daher geneigt, sich im Tonfall und in der Lautstärke seinem Gesprächspartner anzugleichen, weil man sonst das Gefühl hat, unterzugehen. Das Ergebnis ist jedoch in der Regel nur ein stetig steigender Lärmpegel, denn aggressive Personen hören ohnehin nur, was sie hören wollen. Bleiben Sie darum – zumindest äußerlich – ruhig, und versuchen Sie bewusst, leise zu sprechen. Manchmal kann es sogar taktisch klug sein, so leise zu sprechen, dass der aufgeregte Gesprächspartner Sie akustisch nicht mehr versteht. Aus der daraus bei ihm erwachsenden Unsicherheit können Sie Kapital schlagen! Im günstigsten Falle resultiert daraus die Frage: ‚Was hast du gerade gesagt?' Wenn Sie nun antworten, hört er wenigstens zu."[65]

---

[64] Zittlau, Dr. Dieter: Schlagfertig kontern in jeder Situation (S. 47)
[65] ebenda (S. 47)

Der meist steigende Lärmpegel ist das Resultat zweier „Streithähne“, die sich auf dieses altbekannte Ritual einlassen. Person A wird etwas lauter, als sie gewöhnlich spricht. Person B entgegnet mit einer Lautstärke, die wiederum A übertrifft. A hingegen kann natürlich stimmlich noch zulegen usw. – die Eskalationsspirale ist in Gang gesetzt! Der Konflikt endet damit, dass beide Personen sich anschreien.

8/4 Ausstieg aus dem Tanz

Die oben genannte Eskalation wurde schon an anderer Stelle mit einem Tanz verglichen (Kapitel 4/3). Eine genau aufeinander abgestimmte und im Leben oft eingeübte „Schrittfolge“ führt dazu, dass der „Streittanz“ auch wirklich ausgeübt werden kann.

„Solange beide Streiter ‚mittanzen‘, hält der Streit an, schaukeln sich die Beteiligten hoch. Nur wenn einer der beiden ‚Tänzer‘ aussteigt, also nicht mehr ‚mittanzt‘, kann der Konflikt beendet werden und unter Umständen eine Lösung herbeigeführt werden. Der Tanz kann sowohl von den Tänzern selbst als auch durch eine Störung von außen gestört und somit unterbrochen werden (Hilfe von außen).

Gehen wir zunächst einmal von der Situation aus, dass einer der beiden Tänzer den Tanz unterbricht. Dies ist im Streitfall ein unerwartetes Handeln, das den Streit stört. So kann der Konflikt eine Wendung erfahren. Am einfachsten ist es für die Streitenden, zu Beginn aus dem Tanz auszusteigen, zu einem Zeitpunkt, da die Emotionen sich noch nicht hochgeschaukelt haben.“[66]

Man reagiert also besser nicht auf das lautere Agieren des Kontrahenten und wird eher leise. Dieses ungewohnte Verhalten führt schließlich zum erwähnten Ausstieg. Das Beispiel zeigt, dass eine unerwartete Reaktion einen ganz anderen Streitverlauf einleiten kann und so eine konstruktive Wendung ermöglicht.

---

[66] Reitemeier, Jürgen: Mediation und Streitschlichtung (S. 41)

8/5 Die Feldherrnperspektive

Bei einer Auseinandersetzung mit aggressiven Gesprächspartnern spielt sich ein großer Teil der Auseinandersetzung auf der Gefühlsebene ab, d.h., es wird intuitiv gehandelt. Aus diesem Grund ist es sinnvoll, so schnell wie möglich die Rolle des „Feldherrn" einzunehmen – am besten noch, bevor man richtig in den Streit einsteigt. Der Feldherr steht bekanntlich auf einem Hügel und sieht auf die Schlacht hinunter. Er hat die beste Übersicht über die Situation (siehe auch Kapitel 8/2). Übertragen auf das obige Beispiel heißt das, man sollte sich noch vor dem Einstieg in die eigentliche Auseinandersetzung die Frage stellen: „Hallo, was geschieht jetzt hier?" Dieses Innehalten eröffnet die Möglichkeit, strategischer zu handeln, denn zu diesem Zeitpunkt hat man noch die Möglichkeit abzuwägen, z.B. ob es sinnvoller ist, den Angreifer zu beruhigen oder ihm schlagfertig zu begegnen.

Abbildung: Feldherrnhügel[67]

„Für den Umgang mit aggressiven Gesprächspartnern muss man sich zunächst kurz überlegen, was Aggression psychologisch gesehen bedeutet. Aggression ist ein auf Angriff ausgerichtetes, feindseliges Verhalten, das häufig eine Folge von Frustration ist. Daraus folgt zwangsläufig, dass man – will man die Verärgerung

[67] vgl. Schulz von Thun, Friedemann ..., Miteinander reden: Störung und Klärung.

seines Gegenübers nicht noch steigern – durch seine Gesprächsführung die Frustration des anderen nicht noch vergrößern darf. Äußerungen wie ‚Das verstehst du sowieso nicht', ‚Wie kann man sich bloß so aufführen?', ‚Das habe ich dir doch hundertmal erklärt' oder ‚Rege dich doch nicht so auf' sind zwar auf der Seite des Sprechers gefühlsmäßig begründet, bringen jedoch den Gesprächspartner nur noch mehr in Rage. Insbesondere die letzte Äußerung ist dazu angetan, selbst solche Gesprächspartner aus der Fassung zu bringen, die sich zuvor noch gar nicht sonderlich aufgeregt haben. Doch je mehr sich der Gesprächspartner aufregt, desto mehr wird er ein Opfer seiner Instinkte. Das Stresshormon Adrenalin sorgt nämlich bei großer Aufregung dafür, dass weite Teile unseres Großhirns außer Kraft gesetzt werden (in der Großhirnrinde spielt sich das Denken ab)."[68]

Doch Achtung an dieser Stelle! Die Instinktfalle gilt für beide Seiten. Daher soll an dieser Stelle auf die Regel Nr. 1 hingewiesen werden:

Gefahr erkannt – Gefahr gebannt!

Bei drohender Gefahr eines verbalen Angriffs so früh wie möglich präventiv reagieren, wenn eine friedvolle emanzipatorische Gesprächssituation erzeugt werden soll!

8/6 Auf emotionale Angriffe sachlich reagieren

Benutzen wir wieder einmal unser Eingangsbeispiel zwischen dem Kollegen Hans Dampf und dem Abteilungsleiter Miesepriem. Denkt man darüber nach, welcher Stellenwert der Betriebsratsarbeit von Arbeitgeberseite eingeräumt wird, so kann man wohl sagen, dass Miesepriem die meisten Inhalte als störend oder unwichtig einstufen wird. Diese Meinung versucht er natürlich auch nach außen zu vertreten – bewusst oder unbewusst. Damit aber spielt seine Meinung im betrieblichen Alltag eine Rolle. Immer

---

[68] Zittlau, Dr. Dieter: Schlagfertig kontern in jeder Situation (S. 43 f.)

wenn dann ein Problem auftaucht oder ein Thema an der Reihe ist, das manchen Kollegen nicht zusagt, gibt es Unmutsäußerungen gegen den Betriebsrat.

Nimmt man z.B. das leidige Thema der Überstunden. Ein Betriebsrat kann es hier unmöglich allen Betroffenen recht machen. Ein Teil der Kollegen will Überstunden machen, sie sind auf das Geld angewiesen. Anderen ist die Freizeit wichtiger als ein höheres Gehalt. Der Arbeitgeber hingegen macht eigene Interessen geltend. Eine ganze Menge Stühle also, zwischen die man sich setzen kann!

Betriebsratskollegen berichteten einmal, dass sie nach einer beschlossenen Überstundenregelung von einer der Seiten auf jeden Fall angegriffen wurden. Dabei wurde natürlich nicht sachlich argumentiert, sondern es wurden Argumente vorgebracht wie: „Ihr solltet lieber öfter mit den Kollegen reden, anstatt ständig beim Chef auf dem Schoß zu sitzen!“ Oder: „Kümmert euch lieber um genug Parkplätze! Über die Anzahl der Überstunden, die ich machen will, kann ich schon selbst entscheiden!“

Dass in einer solchen Situation Betriebsräten, die eine verantwortliche Entscheidung hinsichtlich der betrieblichen Überstunden getroffen haben, nach der zehnten oder elften „Anmache“ einmal „der Hut hochgeht“, ist wohl keine Frage. Als erste Reaktion versucht der Betriebsrat erst einmal, sich zu rechtfertigen – er nimmt somit die „Aufforderung zum Tanz“ an!

Eine Ausstiegsvariante wäre, wenn der Betriebsrat auf die Angriffe sachlich reagieren würde. Lautete die Kritik z.B. „Ihr solltet lieber öfter mit den Kollegen reden, anstatt ständig beim Chef auf dem Schoß zu sitzen“, könnte die Entgegnung lauten: „O.K., was hast du für Vorstellungen, wie könnte man denn die Betriebsratsarbeit hinsichtlich der Kollegenkontakte verbessern?“

Auf die Reaktion des Arbeitskollegen könnte man gespannt sein!

Und vor allen Dingen darauf, wie er dann wieder „die Kurve bekommen“ wollte, zurück zur Kritik bezüglich der Überstunden!

8/7 Fast jeder ist ein guter Tänzer

Die Techniken der Variante „Ausstieg aus dem Tanz“ sind zwar ungemein wirksam, jedoch nicht einfach einzusetzen – wir sind bei Konflikten eben alle „gute Tänzer“. Darum „muss man mit dem Gebrauch solcher Techniken (nämlich sich anders zu verhalten, als es der aggressive Gesprächspartner erwartet) ein großes Fingerspitzengefühl an den Tag legen. Schon ein leicht ironischer Unterton kann das Ganze zum Scheitern bringen. Bei sehr aufgeweckten Gegnern riskiert man auch schon einmal einen erfolgreichen Konter, bei sehr schlichten Gegnern dagegen ein Scheitern, weil sie die Reaktion einfach nicht verstehen und sich deshalb weiter aufregen. Der mögliche Schaden ist jedoch im Verhältnis zum wahrscheinlichen Nutzen recht klein, sodass solche Tricks durchaus empfohlen werden können. Die Kunst dabei ist jedoch, dass man sich bei ihrer Anwendung sehr stark in der Hand haben muss, und das ist schwierig, wenn man selbst nervös ist.“[69]

8/8 Engelchen und Teufelchen

Wie schon an anderer Stelle erwähnt, haben die meisten verbalen Angriffe eine Vorgeschichte. Das heißt, bestimmte verbale Angriffe kann man vorhersehen, der genaue Zeitpunkt und die Art, wie sie geführt werden, sind aber unbestimmt.

Dieses Wissen sollte man nutzen, um im Raum stehende Konflikte zu analysieren und um sich Strategien zurechtzulegen. Man weiß aufgrund von Erfahrungen, wann sich eine Situation entsprechend zugespitzt hat. An dieser Stelle beginnt dann so etwas wie eine „Selbsterfahrung“! Man muss sich fragen: „Bin ich bereit, mich mit dem drohenden Konflikt auseinander zu setzen?“ In dieser Situation kämpfen dann „Engelchen“ und „Teufelchen“ miteinander. Teufelchen wird sagen: „Komm, es lohnt sich nicht, darüber nachzudenken. So etwas kostet nur Kraft, und am Ende kommt es gar nicht zu einem Konflikt.“ Engelchen hingegen wird sagen: „Da liegt was in der Luft, das Folgen haben könnte! Denk

---

[69] Zittlau, Dr. Dieter: Schlagfertig kontern in jeder Situation (S. 46 f.)

darüber nach und setz dich mit Möglichkeiten auseinander, die dir zur Verfügung stehen, um den Konflikt zu lösen."

8/9 Angriff oder Flucht

Oft findet das ewige Spiel „Angriff oder Flucht" statt.

„Zur Erklärung dieser merkwürdigen Tatsache muss man sich vor Augen halten, dass unsere Instinkte nicht auf rhetorische Auseinandersetzungen angelegt sind, sondern dass sie ihre Herkunft in den Urtagen der Menschheit haben. Vor vielen tausend Jahren prügelte man sich eben nicht verbal, sondern man sah sich in der Regel einer echten körperlichen Bedrohung ausgesetzt. Es gab praktisch – je nach Kräfteverhältnis von Angreifer und Angegriffenem – nur die Varianten Angriff oder Flucht. Für diese beiden Verhaltensmöglichkeiten waren unsere Instinkte und Reflexe schon immer viel schneller und effektiver als das vergleichsweise langsame Großhirn. In solchen Situationen der Urzeit durfte man einfach nicht erst lange nachdenken."[70]

Wir sind aber heute dazu in der Lage, Ereignisse gedanklich vorwegzunehmen und verschiedene Varianten zu durchdenken. Wir beginnen strategisch zu handeln. Die Ergebnisse, die das vorherige Durchdenken von möglichen Konfliktvarianten erzielt – gepaart mit Instinkten und Reflexen –, bilden die Grundlage für ein Maximum an effektivem Handeln. Dabei kommt es natürlich immer auf die gesunde Mischung von Rationalität und Gefühl an. Geben wir also der Forderung von Engelchen nach und handeln strategisch, räumen wir aber auch unserer Wut und Verletztheit den Platz ein, den sie benötigt.

Ein weiterer Aspekt von Kampf und Flucht sei hier erwähnt. Menschen, die nur ihr Wohl im Kampf gesucht hatten, sind relativ früh gestorben. Eine realistische Einstellung zur möglichen Flucht könnte manchmal genauso lebenserhaltend sein wie die Vorsicht.

Um noch einmal auf die Ursprünge der Menschheit zurückzukommen: Die meisten Menschen, die durch Kampfeinwirkung zu Tode

[70] Zittlau, Dr. Dieter: Schlagfertig kontern in jeder Situation (S. 44 f.)

kamen, waren nicht unmittelbar getötet worden, sondern an ihren Verletzungen gestorben. Begreifen wir diesen Hinweis als Metapher! Auch Gefühlsverletzungen können krank machen. Daher sollte man sich immer sehr genau überlegen, ob man das Risiko eingeht, das Gegenüber emotional zu verletzen. Aber auch sich selbst sollte man tunlichst vor Verletzungen solcher Art schützen.

8/10 Ruhig bleiben

Wie schon erwähnt (siehe Kapitel 4/8), wird bei starken Emotionen, so auch bei Wut und Aggression, das Stresshormon Adrenalin ausgeschüttet. Es sorgt für Aufregung sowie dafür, dass weite Teile unseres Großhirns, in dem sich das Denken abspielt, außer Kraft gesetzt werden. In einer Schrecksekunde beim Autofahren ist dies eine durchaus wertvolle Einrichtung, denn es bleibt dann einfach keine Zeit, erst darüber nachzudenken, ob man auf die Bremse treten soll!

In einer Stresssituation, auf die man nicht vorbereitet ist, funktioniert unser Gehirn ähnlich wie kurz vor einem Autounfall. Das Stresshormon Adrenalin wird in Mengen produziert und ausgeschüttet. Das Denken wird durch unmittelbares Handeln ersetzt. Je nach Menschentyp ist aber in einer solchen Situation schnell die Gefahr gegeben, dass man die Ruhe verliert (siehe Kapitel 4/8, Angst und Hemmung).

„In dieser Hinsicht reagieren wir heute noch so wie unsere Urahnen. Wenn man aber diesen instinktiven Erwartungen eines aggressiven Gesprächspartners entspricht, indem man sich wehrt (Angriff) oder frühzeitig klein beigibt (Flucht), sorgt man zugleich dafür, dass er in seinem Verhalten bestätigt wird und sich auch im weiteren Verlauf (und auch bei künftigen Auseinandersetzungen) von diesen Instinkten leiten lässt. Dass sich zumindest manche Gesprächspartner ein wenig abregen, wenn man nachgibt, ist ein schwacher Trost, denn auf der sachlichen Ebene hat man dann schon einiges an Boden verloren.“[71]

[71] Zittlau, Dr. Dieter: Schlagfertig kontern in jeder Situation (S. 44 f.)

Regel Nr. 1

Wie soll man also vorgehen? Hier kommt uns wieder die Regel Nr. 1 der präventiven Maßnahmen in den Sinn (siehe auch Liste der zehn Regeln am Ende des Buchs). Sie lautet verkürzt: Konfliktsituationen so früh wie möglich erkennen und handeln. Mit anderen Worten, noch bevor es zur Adrenalinausschüttung kommt, muss man sich klar machen, dass man sich an Regel Nr. 2 orientieren will:

Regel Nr. 2

Möglichst die Ruhe bewahren und nicht schreien!

„Wer schreit, hat Unrecht." Das stimmt zwar nicht immer, aber es wird einem schnell unterstellt. Gehen Sie auf keinen Fall auf die Inhalte der Angriffe ein und versuchen Sie sich keinesfalls zu rechtfertigen oder den Gegenangriff auf ähnliche Art und Weise zu starten. Äußern Sie eher Ihre Betroffenheit über die ungerechte Art, die Ihnen widerfährt. Teilen Sie Ihre Gefühle über die Verletzungen mit, die Ihnen widerfahren sind, und wünschen Sie sich eine sachliche Gesprächsebene.

Jetzt kommt natürlich der berechtigte Einwand, dies sei leichter gesagt als getan! Ein ganz einfacher Trick ist folgender:

Man will sich in einer Situation dazu zwingen, ruhig zu bleiben. Für solche Situationen kann man sich „ankern", das ist eine Technik, die in der neurolinguistischen Programmierung angewendet wird.

Dies sieht dann in etwa so aus: Noch bevor das Bedürfnis, zurückzuschreien, überhand nimmt, nimmt man einen Bleistift in beide Hände und hält ihn zwischen Daumen und Zeigefinger. Man hält sich sozusagen am Bleistift fest, der als Stütze dient, um nicht zu schreien. Dazu fordert man sich immer wieder auf, ruhig zu bleiben. So versucht man quasi, das langsamere Großhirn dazu zu bringen, über das schnellere Stresshormon Adrenalin zu „siegen". Anschließend hat man die Möglichkeit, etwas zu unternehmen, was der Kontrahent instinktiv nicht erwartet. So erfolgt der Ausstieg aus dem Tanz.

Regel Nr. 3

Steigen Sie aus dem „Tanz" aus!

Beenden Sie das eingefahrene Verhaltens- und Streitmuster. Reagieren Sie anders als sonst. Überraschen Sie den Gegner mit unvorhergesehenen Verhaltensweisen!

Durch diese Wendung eröffnen sich viele neue Möglichkeiten:

- leise sprechen statt schreien
- eine Körperhaltung einnehmen, die nicht unsicher wirkt, aber auch keine Kampfhaltung signalisiert
- sachlich argumentieren
- Fragen stellen, um die Wut des Kontrahenten zu verstehen
- auf die Gefühle des Kontrahenten eingehen

Die meisten unerwarteten Schritte sind jedoch bei den handelnden Personen rhetorischen Ursprungs.

An dieser Stelle möchte ich noch einmal eine Anekdote zitieren, die man von Winston Churchill berichtete: Eine Frau trat auf Churchill zu und sagte: „Wenn Sie mein Mann wären, würde ich Ihnen Gift geben!" Churchill antwortete: „Wenn Sie meine Frau wären, würde ich es nehmen."

Obwohl Churchill über den sicherlich heftigen Angriff hätte verärgert sein können, bewahrte er die Ruhe und konterte schlagfertig. Wer dieses Rededuell gewann, bleibt wohl außer Frage!

Dabei kann man sicher sein, dass Churchill in diesem Fall eine spontane Antwort und nicht etwa eine eingeübte rhetorische Floskel von sich gab. Ansonsten bereitete er sich bei Reden sehr gut auf mögliche Einwände vor und hatte dadurch so manche geplante „Spontan-Antwort" parat.

Anschließend noch einige weitere Beispiele für gelungene rhetorische „Konter“:

- Angriff gegen einen Managementtrainer in einem Seminar:
  - „Sie haben doch überhaupt keine Ahnung, Sie waren doch noch nie in einer Führungsposition!“
  - Konter: „In Düsseldorf ist ein Wegweiser, auf dem steht: 40 Kilometer nach Köln. Der Wegweiser war noch nie in Köln, und trotzdem hat er Recht.“
- Angriff in einer Reklamationsabteilung:
  - „Wenn Sie nicht sofort meine Reklamation aufnehmen, kriegen Sie Ärger!“
  - Konter: „Ach wissen Sie, in diesem Job werde ich doch für Ärger bezahlt!“
  - Oder (mit Risiko): „Darf ich Ihnen zur Beruhigung erst einmal eine Praline anbieten?“
  - Oder (ganz sachlich): „Wie kann ich Ihnen helfen?“[72]
- In einer Auseinandersetzung wird jemand als Idiot bezeichnet. Darauf dieser: „Angenehm, Müller!“
- Vor einer roten Ampel geht jemandem der Motor aus. Verzweifelt versucht er, das Gefährt wieder in Gang zu bringen. Ein anderer Verkehrsteilnehmer, der dahinter steht, beginnt wütend zu hupen. Daraufhin unterbricht der verzweifelte Autofahrer die Versuche, das Auto zu starten, steigt aus dem Wagen aus, geht zu dem Hupenden und sagt zu ihm: „Wenn Sie so freundlich wären und mir mein Auto wieder in Gang bringen? Ich würde währenddessen für Sie hupen!“
- Ein erboster Zeitungsleser schrieb an den Philosophen und Mathematiker Bertrand Russell: „Was für ein Idiot Sie sind, kann man leicht beim Lesen Ihrer so genannten Philosophie erkennen. Neulich las ich etwas in einer deutschsprachigen Schweizer Zeitung, das augenscheinlich Sie gesagt haben: ...“ (es folgt ein Zitat). Darauf antwortete Russell: „Mein Herr, Sie haben nicht bedacht, dass es noch eine andere Art von Idioten gibt. Jene Art nämlich, die glauben, was sie in Zeitungen lesen. Eine Behauptung wie die von Ihnen zitierte habe ich nie aufgestellt. Ihr sehr ergebener Bertrand Russell.“[73]

---

[72] Zittlau, Dr. Dieter: Schlagfertig kontern in jeder Situation (S. 45)
[73] ebenda (S. 45)

8/11 Der Ton macht die Musik

Solange man es schafft, die Ruhe zu bewahren, bietet sich immer eine gute Chance, einen verbalen Angriff in ein konstruktives Gespräch umzuwandeln. Nicht umsonst gibt es das geflügelte Wort: „Wer schreit, hat Unrecht!" Dies ist zwar nicht in jeder Hinsicht korrekt, einen „Schreihals" kann man aber viel besser in eine bestimmte Ecke rücken (nach dem Motto: Den muss man nicht ernst nehmen, der schreit doch nur rum.).

Sollte also jemand einem verbalen Angriff ausgesetzt werden, in dessen Verlauf der Kontrahent zu schreien beginnt, sollte er eine gelungene Entgegnung parat haben, denn dann geschieht Folgendes:

„Nehmen wir uns zunächst einen verbalen Angriff vor, der sich durch lautstarkes Anschreien äußert. Die beiden Kontrahenten werfen sich gegenseitig Worte, Vorwürfe und Anschuldigungen an den Kopf. Keiner der Akteure hört genau zu, was der andere sagt, vielmehr ‚dreschen' zwei Personen gegenseitig verbal aufeinander ein. Ein rhetorischer Schwertkampf, in dem Beleidigungen und Anschreien als weitere Waffen eingesetzt werden. Blinde Wut bestimmt das Handeln. Diese Art des Gesprächs nennt man eine Überkreuzkommunikation.

Findet ein Gespräch dieser Art statt, sind die Gesprächspartner Gegner bzw. Feinde. Keiner sagt etwas über sich aus, nur über den anderen.

Dieser Angriffsdialog fordert die Beteiligten geradezu heraus, sich gegenseitig zu übertreffen. Ein Ende des Gesprächskriegs rückt in weite Ferne … und meist sind zum Schluss alle erschöpft und unzufrieden.

Keiner von beiden fühlt sich besser als vorher. Oft hat man sich bei diesen Angriffs- oder ‚Ping-Pong-Dialogen' so hochgeschaukelt, dass man seinen Gegner ‚schwer verletzt' hat oder selbst ‚angeschlagen' ist. Meist gibt es keinen Sieger, oft nur Verlierer. Die harten verbalen Angriffe haben aber seelische Verletzungen hinterlassen. Wunden, die zu Narben werden. Gesagtes kann nicht zurückgenommen werden und auch nicht so ohne weiteres vergessen werden. Die Rache ist vorprogrammiert. Der Streit geht in die nächste Runde."[74]

Man sollte also auf keinen Fall mit gleicher Aggressivität auf einen verbalen Angriff eingehen, wenn der Angreifer schon schreit, sondern auf die Art und Weise eingehen, wie er selbst agiert, z.B.: *„Sie machen einen sehr erregten Eindruck. Meinen Sie, dass Sie das Problem mit soviel Wut im Bauch lösen können?"*

Oder: *„Ich empfinde Sie als sehr erregt und frage mich, was Sie so wütend macht."*

Ebenso kann man seine eigene Verletztheit in den Vordergrund rücken. Das könnte sich folgendermaßen anhören:

„Es trifft mich, wenn Sie mich so anschreien, und ich würde mir wünschen, dass wir das Gespräch in gemäßigterem Ton fortsetzen könnten." oder *„Sie verletzen mich, wenn Sie mich so anschreien. Ich finde, das ist keine gute Grundlage für ein lösungsorientiertes Gespräch."*

Antworten, die man auf keinen Fall geben sollte, wenn man an einer Lösung interessiert ist, wären die Folgenden:

„Ich lasse mich von Ihnen nicht so anschreien, ich gehe!" oder *„Von Leuten wie Ihnen brauche ich mir einen solchen Ton nicht bieten zu lassen!"*

Die erste hier als ungeeignet dargestellte Antwort ist vergleichbar mit einem Telefongespräch, in dem einer der Teilnehmer aus Verärgerung mitten in einer Auseinandersetzung den Hörer auflegt. Der Erfolg ist der, dass der andere Gesprächsteilnehmer sich noch mehr verletzt fühlt und zu noch härteren Angriffsmethoden übergeht.

---

[74] Reitemeier, Jürgen: Mediation und Streitschlichung (S. 40 f.) und Miller, Reinhold: „Du dumme Sau". (S. 12)

Beim zweiten Beispiel setzt sich der eine Teilnehmer über den anderen hinweg. Er erniedrigt ihn. Auch das ist natürlich keine gute Voraussetzung, ein Gespräch noch konstruktiv zu wenden.

Auch jede andere Art der Begegnung in einer Auseinandersetzung, die irgendwie arrogant wirkt, ist dem Ziel, ein Gespräch noch zum Positiven zu wenden, abträglich.

8/12 Zuhören

Auch das Zuhören hat etwas mit dem Ausstieg aus dem Tanz zu tun. Man stelle sich folgende Situation vor: Jemand ist auf „Krawall“ aus und „entert“ das Büro des Betriebs- bzw. Personalrats. Gleichzeitig mit dem Anklopfen öffnet er die Tür und schimpft los. Seine instinktive Erwartungshaltung ist, dass der Betriebs- bzw. Personalrat auf Abwehr und Verteidigung eingestellt ist.

Tatsächlich geschieht jedoch etwas völlig anderes. Der Kollege wendet sich dem wütenden Menschen zu und nimmt Blickkontakt auf. Seine Körperhaltung vermittelt Aufmerksamkeit. Ab und zu nickt er zustimmend. Er lässt den wütenden „Eindringling“ ausreden. Sagt er selbst etwas, bleiben seine Wortbeiträge minimal. Er fragt aber interessiert nach. Im weiteren Verlauf des Gesprächs spiegelt er das Gehörte zurück: „Habe ich dich richtig verstanden?“ oder „Du meinst also, dass ...?“ Anschließend spiegelt er nicht nur das Gesagte, sondern auch die Befindlichkeit des wütenden Gegenübers: „Du ärgerst dich also vor allem über ...?“

Wie lange wird der Wütende wohl seinen aggressiven Monolog aufrechterhalten? Ich stelle einmal die Behauptung auf: Er wird „dahinschmelzen“ wie Butter! Wenn er seelisch nicht allzu verletzt ist, wird sich nach kurzer Zeit ein konstruktives Gespräch mit dem Betriebs- bzw. Personalrat ergeben.

Die Technik des Zuhörens wirkt hier natürlich einfacher, als sie in Wirklichkeit ist. Doch Achtung! Hier bewegt man sich auf dem glatten Parkett des Konfliktmanagements! Während des obigen kurzen Textbeispiels kommen vielerlei Techniken zum Tragen.

Nur ein Betriebs- bzw. Personalrat mit viel Erfahrung und guter Ausbildung kann in einer solchen Situation so souverän reagieren. Wer jedoch erst einmal so weit ist, kann in fast allen Konfliktgesprächen Erfolge verbuchen.

Im Kapitel „Zuhören“ tauchte der Begriff „Spiegeln“ auf. Er soll hier noch einmal gesondert behandelt werden, da ein aufmerksames oder auch aktives Zuhören nicht immer zwangsläufig mit dem Spiegeln einhergeht.

8/12.1 Spiegeln

Das Spiegeln ist eine Technik, die daraus besteht, mit eigenen Worten wiederzugeben, was der Gesprächsteilnehmende zuvor gesagt hat. Dadurch wird dem Gegenüber vermittelt, dass man intensiv zuhört. Gleichzeitig bietet dies dem Kontrahenten die Möglichkeit, selbst zu überprüfen, ob er wirklich alles verstanden hat oder ob noch Klärungsbedarf besteht. Die Technik des Spiegelns spielt in der klientenzentrierten Moderation nach Rogers eine wichtige Rolle. Sie taucht darüber hinaus auch in anderen psychotherapeutischen Lehrmethoden auf. Manche Berater oder Mediatoren gehen beim Spiegeln sogar so weit, dass sie eine ähnliche Körperhaltung wie der Streitkontrahent einnehmen (siehe auch das Prinzip Pacing und Leading in Kapitel 5, Körpersprache).

8/12.1.1 Regeln des Spiegelns

- Stelle immer die Sichtweise der anderen Person dar, nie deine eigene: „Du bist der Meinung, dass ...“ – Nicht etwa: „Du warst mit der Formulierung nicht einverstanden, als ich sagte ...“
- Nimm Fakten und Gefühle wahr: „Du bist der Meinung, dass man dich nie ausreden ließ, und das hat dich dann wütend gemacht?“ (Wichtig ist, die Aussage als Frage zu formulieren.)
- Bewerte nie die Aussage des anderen: „Du warst sauer, als ...“ Auch nicht formuliert werden sollte: „Das kann ich gut verstehen, ich hätte mich an deiner Stelle genauso gefühlt.“

Die zu spiegelnden Aussagen sollten während der Gesprächssequenzen so kurz wie möglich formuliert werden.

Darüber hinaus kann es durchaus sinnvoll sein, auch die Körperhaltung mitzuspiegeln. Dem Gesprächspartner wird signalisiert: *Wir sind auf einer Linie, wir sind im Gleichklang.* Dadurch steigt der Grad der Empathie.

Kann man sich mit der Technik des Spiegelns nicht – oder nur bedingt – anfreunden, wird man dazu übergehen, „Brücken zu bauen". Eine solche Brücke könnte lauten: *„Ich möchte nur sichergehen, dass ich dich richtig verstanden habe."*

Diese „Brückentechnik" ab und an zu benutzen, ist sicher nicht falsch. Nur wer immer wieder auf diese Hilfskonstruktion zurückgreift, ist zu oft damit beschäftigt, nach möglichen Brücken zu suchen, statt seinem Gegenüber zuzuhören. Man versteht den Gesprächspartner dann nicht wirklich, man tut nur so. Unter einem solchen Verhalten leidet der Grad an Empathie.

Unter Authentizitätsaspekten ist es also ratsam, die Technik des Spiegelns nur dann anzuwenden, wenn man diese Technik wirklich beherrscht.

Eine Gefahr während des Spiegelns besteht außerdem darin, dass dem Gegenüber unter Umständen der Eindruck vermittelt wird, er könne sich nicht richtig ausdrücken. Dies verunsichert natürlich! Die Technik sollte folglich nur bei wichtigen Botschaften des Gesprächspartners angewendet werden.[75]

Jedoch hat sie in der direkten Auseinandersetzung eine etwas andere Funktion. Hier signalisiert die Technik des Spiegelns dem Kontrahenten: Ich höre dir zu, ich nehme dich ernst.

---

[75] vgl. Reitemeier, Jürgen: Mediation und Streitschlichtung (S. 51 f.); siehe hierzu auch Bessemer, Christoph: Mediation – Vermittlung im Konflikt. (S. 117)

9 Fragen – Eine Variante rhetorischer Vielfältigkeit bei der Abwehr von verbalen Angriffen

„Nach wie vor gilt für unsere Kommunikation die alte Dialektikregel „Wer fragt, der führt". Dabei ist zu beachten, dass Fragen selber als Technik und Instrumentarium erst einmal neutral sind, sie erst in der Anwendung durch den Fragenden ihre Neutralität verlieren. Fragen können führen und verführen, Informationen abrufen oder Interesse signalisieren, Kontakt schaffen oder ihn abbrechen."[76]

Nachfolgend sollen deshalb einige Fragetechniken behandelt werden. Da sich manche Formen sehr ähneln, werden hier nur einige der Techniken kurz vorgestellt.

Auf die Tatsache, dass in Frageform vorgetragene, verbale Angriffe schwer abzuwehren sind, ist in diesem Buch schon an anderer Stelle hingewiesen worden. Denn „Fragen sind ein herrliches Instrument, Kommunikation wirklich zu gestalten, denn sie können

- provozieren
- faktisieren
- suggerieren
- animieren
- sich auf den Fragegegenstand oder an die Person richten
- motivieren
- Erlebnisse abfragen
- Einschätzungen einfangen
- Beschreibungen abrufen und vieles mehr.

Grundsätzlich unterscheiden wir offene Formen von geschlossenen Formen sowie direkte Fragen von indirekten Fragen."[77]

[76] Bredemeier, Karsten: Provokative Rhetorik? – Schlagfertigkeit. (S. 237)
[77] ebenda (S. 239 f.)

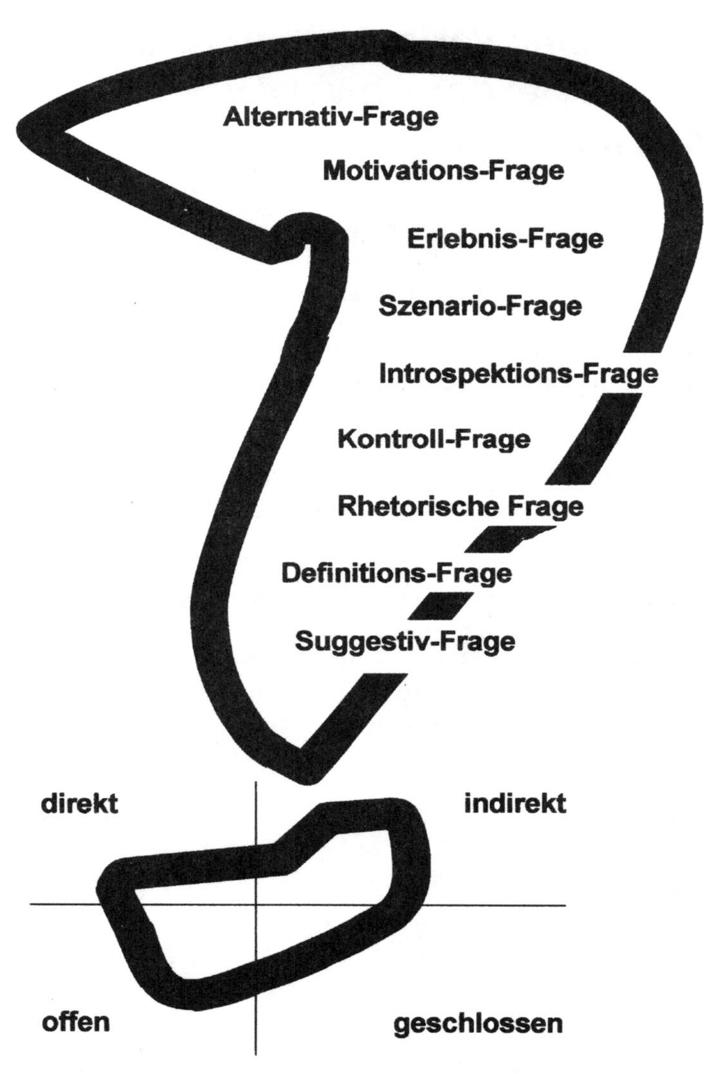

Abbildung: Fragezeichen[78]

[78] vgl. Bredemeier, Karsten: Provokative Rhetorik? – Schlagfertigkeit. (S. 238)

9/1 Der Angriff in Frageform

Eine der schwierigsten Arten, einen verbalen Angriff zu kontern, besteht darin, eine verbale Attacke in Frageform – ein rhetorisch sehr vielschichtiges Mittel – abzuwehren.

Erfolgt der verbale Angriff in Frageform, kann man normalerweise davon ausgehen, dass es sich um keine aus der Situation heraus entstandene Wut handelt, sondern dass vielmehr der jetzt ausgetragene Konflikt eine Geschichte hat. Weiter ist davon auszugehen, dass das Gegenüber nicht wild um sich schlägt, sondern sich eine Strategie zurechtgelegt hat. Die Wut kommt also nicht nur „aus dem Bauch", der Streitende hat sich schon vorher Gedanken über die Form des verbalen Angriffs gemacht. Dies aber bedeutet, dass der Angreifer „eher intellektuell als emotional aggressiv ist und auf der Instinktebene nicht mehr auszuhebeln ist. Was ihn viel gefährlicher macht. Fragen wie: ‚Wie stellen Sie sich das vor?', ‚Sollen wir etwa ...?' oder ‚Haben Sie das etwa nicht gelesen?' können den Befragten arg in Bedrängnis bringen. Insofern man ernsthaft erwägt, solche Fragen zu beantworten, wird man nicht um eine strategische Vorplanung herumkommen, d.h., man muss sich rechtzeitig vor einer Äußerung überlegen, welche Fragen danach noch auf einen zukommen können."[79]

9/2 Frage und Gegenfrage

Da in der Regel aber keine Zeit zu einer solchen strategischen Vorplanung bleibt, muss man über Methoden verfügen, die dann angewendet werden können.

Dazu könnte gehören: Frage – Gegenfrage:

- Frage: „Wie stellen Sie sich das denn vor?"
- Gegenfrage: „Was meinen Sie konkret?"

- Frage: „Sollen wir etwa ...?"
- Gegenfrage: „Welchen Vorschlag würden Sie machen?"

[79] Zittlau, Dr. Dieter: Schlagfertig kontern in jeder Situation (S. 47 f.)

- Frage: „Haben Sie das etwa nicht gelesen?"
- Gegenfrage: „Was meinen Sie konkret?"

Eine andere Möglichkeit bestünde darin, Fragen zu interpretieren:

- Frage: „Haben Sie das etwa nicht gelesen?"
- Interpretation: „Wenn ich Sie richtig verstehe, sind Sie der Meinung, in dem von Ihnen erwähnten Text stünden klare Handlungsanweisungen." (siehe auch Kapitel 7 – Übersetzertechnik)

Eine andere Variante ist die Infragestellung:

- Frage: „Haben Sie das etwa nicht gelesen?"
- Infragestellung: „Ja, schon, aber ich bin mir nicht sicher, ob dieser Text wirklich eine so weitreichende Bedeutung hat, wie Sie sie gerade hineininterpretieren."

Eine weitere Variante ist die Taktik der Zurückstellung einer Frage:

- Frage: „Wie stellen Sie sich das denn vor?"
- Zurückstellung: „Gestatten Sie bitte, dass ich Ihnen, bevor ich auf Ihre Frage eingehe, folgenden Text überreiche."

Man kann auch zwei Varianten kombinieren, z.B. die Interpretationsvariante mit der Variante Frage – Gegenfrage. Dies könnte dann folgendermaßen aussehen:

- Frage: „Wie stellen Sie sich das denn vor?"
- Antwortvariante: „Wenn ich Sie richtig verstehe, sind Sie der Meinung, dass der von mir favorisierte Weg in Ihren Augen der falsche ist. Welche Lösung würden Sie vorschlagen?"

Anschließend noch ein Beispiel, wie man auf einen verbalen Angriff in Form einer Frage falsch reagieren kann:

„Der größte Fehler ist, auf eine aggressive Frage zu antworten, ohne ihre mutwillige Absicht durchschaut zu haben. Ein führender deutscher Politiker unseres Landes (da er noch aktiv ist, soll er hier anonym bleiben) wurde eines Tags auf dem Weg in den Bundestag von dem Reporter eines großen Privatsenders mit der provozierenden Frage konfrontiert: *„Herr X, wann treten Sie eigentlich zurück?“* Mit hochrotem Kopf wandte sich der angegriffene Politiker zur Kamera und schimpfte: *„Eine solche Frechheit hätte ich vom öffentlich-rechtlichen Fernsehen nicht erwartet!“* Der Reporter sah nun seinerseits mit breitestem Grinsen in die Kamera und kommentierte den Ausbruch mit den Worten: *„Was ein Glück für uns, Herr X, dass wir nicht vom öffentlich-rechtlichen Fernsehen sind!“*

Wie hätte ein erfolgreicher Konter des Politikers aussehen können? Die Frechheit der Frage war ohnehin jedem Zuschauer klar und bedurfte aus diesem Grund keiner verunglückten Antwort mehr. In solchen Fällen ringt man sich am besten ein Lächeln ab und fragt zurück: *„Was schätzen Sie denn?“* Oder etwas ernsthafter: *„Wie kommen Sie zu dieser Frage?“* Oder auch völlig nichtssagend: *„Wo denken Sie hin?“*[80]

9/3 Offene Fragen

Offene Fragen sind Fragen, die dem Gegenüber keine Antwortkategorie vorschreiben. Dies hat meist zur Folge, dass der Befragte ausführlicher antwortet, Raum hat, bestimmte Handlungsweisen zu erklären. Er hat die Möglichkeit, etwas zu begründen oder in bestimmten Zusammenhängen darzustellen.

Offene Fragen sind z.B.:

- „Was sind die Gründe, wenn Sie so klar sagen: Nein, das mache ich nicht mit?“
- „Was war der Auslöser, der Sie dazu gebracht hat, so wütend zu werden?“
- „Haben Sie eine Erklärung dafür, dass Sie dann urplötzlich zu schreien begannen?“
- „Sie sagen, das ist ja das Letzte! Was stört Sie so sehr daran?“

---

80 Zittlau, Dr. Dieter: Schlagfertig kontern in jeder Situation (S. 50)

Offene Fragen sollten verwendet werden, wenn ein Konflikt gerade ausgebrochen ist oder man sich kurz davor befindet. Sie verleiten das Gegenüber dazu, zu argumentieren und bieten wenig Ansatz zum Widerspruch. Sie machen ein Gespräch „weich“.

9/4 Geschlossene Fragen

Geschlossene Fragen bewirken das Gegenteil. Man sollte sich hüten, sie zu Beginn einer Auseinandersetzung einzusetzen. Eine geschlossene Frage fordert zum Widerspruch heraus, da diese Frageform die Antwortmöglichkeit des Befragten begrenzt oder sogar bestimmte Antwortkategorien vorgibt bzw. starke Eingrenzungen vornimmt. Dies merkt der Betroffene natürlich. Er setzt sich gegen diese Einengung zur Wehr, die Eskalationsspirale wird in die nächsthöhere Kategorie geschraubt.

Geschlossene Fragen bringen aber „die Dinge auf den Punkt“. Dies ist immer dann sinnvoll, wenn aus einem Streit ein lösungsorientiertes Gespräch geworden ist. An dieser Stelle würden offene Fragen dazu führen, das Problem zu „zerreden“!

Geschlossene Fragen können sein:

- „Bis wann müssen wir uns wieder treffen, um uns Gedanken über die Problemlösung zu machen?“
- „Ist das eine Lösung für Sie?“
- „Werden Sie sich in Zukunft an die Absprachen halten, die wir bezüglich der Überstunden getroffen haben?“

Viele dieser geschlossenen Fragen lassen sich so formulieren, dass die Antwort nur Ja oder Nein lauten kann.

9/5 Ja- oder Nein-Fragen

„Diese inquisitorisch wirkende Form fordert vom Befragten eine klare Positionierung, eine Entscheidung, eine Bestätigung von Feststellung oder Sachverhalt.

Doch Vorsicht, hier wird nicht nur die Person den Fakten untergeordnet, häufig brechen Gesprächspartner auch aus diesem Muster aus, da es ihnen wichtig ist, den Hintergrund ihrer Entscheidung auszuleuchten und sich zu erklären."[81]

Geschlossene Fragen sollten also möglichst dann verwendet werden, wenn es keinen Anlass gibt, sich zu rechtfertigen, sondern wenn die Lösungsorientiertheit im Vordergrund steht.

9/6 Wissensfragen

Wissensfragen kennt man aus der Schule. Sie zählen zu den geschlossenen Fragen. Sie werden benutzt, wenn man ein ganz bestimmtes Wissen abfragen möchte bzw. eng eingegrenzte Fakten, Sachverhalte oder Prozessverläufe.

Solche Fragen sind z.B.:

- „Welche Sachverhalte haben Sie dem Einspruch zur Kündigung zugrunde gelegt?"
- „Was veranlasst Sie, der Kündigung nicht zuzustimmen?"

Geschlossene Fragen können natürlich punktuell geöffnet werden, um dem Gespräch eine ganz bestimmte Richtung zu geben, geeignete Alternativen einzubauen oder sich bzw. dem Gegenüber Ausstiegsmöglichkeiten zu eröffnen – um die allseits beliebten, so genannten „Hintertüren" zu öffnen! Darüber hinaus benutzt man diese Frageform, um das Zerreden von Sachverhalten zu verhindern oder suggestive Momente einzubauen.[82]

Eine solche halb offene Frage könnte lauten:

- „Worüber reden wir jetzt, über die Überstundenregelung oder über die anstehenden Kündigungen?"

[81] Bredemeier, Karsten: Provokative Rhetorik? – Schlagfertigkeit (S. 241)
[82] vgl. ebenda (S. 242)

Das suggestive Moment in dieser Frage könnte sein: „Wenn wir zuerst über den einen Sachverhalt reden, und Sie sich da großzügig erweisen, dann wird die andere Angelegenheit anschließend zu Ihrer Zufriedenheit gelöst." Man schließt sozusagen einen „Kuhhandel"!

Will man dem entgehen, sollte man sich über die Fragetechnik einen Ausweg suchen. Die Gegenantwort könnte lauten: „Warum bieten Sie mir nur diese beiden Wege an, ich würde lieber erst über grundsätzliche Möglichkeiten der Erzielung von Absprachen mit Ihnen diskutieren!"

9/7 Direkte und indirekte Fragen

Indirekte Fragen verschleiern die Frageziele. Oft werden Sie mit gesellschaftlichen Ereignissen, Zeitungsartikeln oder früheren Aussagen verknüpft oder bestehen aus nur unvollständig ausgesprochenen Sätzen, die der Kontrahent vervollständigen soll. Es gibt wahre Meister dieser Technik – ehe man sich versieht, hat man mit seiner Frage etwas preisgegeben, das man so besser nicht ausgesprochen hätte!

Die indirekte Frage ist oft mit einer indirekten Provokation verknüpft. „Die Frage greift ein Urteil oder eine Bewertung durch Dritte auf und konfrontiert den Befragten mit dieser Bewertung, fordert ihn also seinerseits zur Bewertung heraus."[83]

Lassen wir wieder unsere Hauptakteure Miesepriem und Dampf zu Wort kommen:

„Herr Miesepriem, ich habe gehört, Sie nehmen es nicht so genau mit unserer neu getroffenen Überstundenregelung?"

Ganz ohne Zweifel eine indirekte Provokation! Die eigentliche Frage dahinter lautet: „Stimmt diese Behauptung"?

---

83 Bredemeier, Karsten: Provokative Rhetorik? – Schlagfertigkeit (S. 243)

„Es wird deutlich, dass die indirekte Frage nicht immer ein Fragezeichen am Satzende haben muss – aber durchaus haben kann. Die Frageform macht auch deutlich, dass die Behauptung auch in den Raum gestellt werden kann – ohne dass sich eine explizite Frage anschließt."[84]

Ein weiteres Beispiel für diese Methode: „Man sagt, Sie nähmen es nicht so genau mit dem morgendlichen Arbeitsbeginn?" Die eigentliche Frage wäre: „Kommen Sie häufiger zu spät?"

Wenn mit diesen indirekten Fragetechniken gearbeitet wird, erkennt der Befragte im Allgemeinen die Absicht des Fragenden. Er kann selbst entscheiden, ob er die gestellte Frage offen beantworten will oder eine Ausweichstrategie vorzieht. Anders verhält es sich jedoch in einer Situation, in der der Befragte wütend ist. Dann tritt die Strategie in den Hintergrund, „spontanes Angriffs- oder Fluchtverhalten" bestimmt das Handeln. In dieser Situation kann eine solche Frage für den abgeklärten Kontrahenten zu einer gefährlichen „Waffe" werden! Umgekehrt kann der Fragende durch solche indirekten Unterstellungen eine Eskalation heraufbeschwören, die er auf keinen Fall möchte.

9/8 Provokative Fragen

Genau wie schlagfertige Antworten gibt es selbstverständlich auch Fragen provokanten Charakters. Es geht bei einem solchen Stilmittel in erster Linie darum, das Gegenüber mit einer „bissigen, humorvollen oder subtilen Frage aus der Reserve zu locken oder ihn durch Provokation in der Fragestellung zur Stellungnahme zu veranlassen oder ihn zu schocken. Doch Vorsicht, der andere entscheidet, wann Sie die Grenzen zur Unflätigkeit oder Unhöflichkeit überschreiten. Sehr schnell kann durch diese Frageform ein Gesprächsabbruch herbeigeführt werden. Deshalb: geistiges Fingerspitzengefühl zeigen."[85]

[84] Bredemeier, Karsten: Provokative Rhetorik? – Schlagfertigkeit (S. 244)
[85] ebenda (S. 251)

In einer Situation, in der man einen verbalen Angriff abwehren will, eignet sich diese Fragetechnik am besten, insbesondere, wenn man sich in einem frühen Stadium der Konfrontation befindet oder wenn man ein Gespräch abbrechen will.

Beispiele für diese Fragetechnik:

- „Wissen Sie, was flüssiger ist als Wasser?"
- „Was sagen Sie als Unbeteiligter zum Thema Intelligenz?"
- „Schön, dass Sie auch mal vorbeischauen, aber Sie wollen doch nicht etwa heute noch arbeiten?"

9/9 Karikierende Fragen

Karikierende Fragen gehören zu den provokativen Fragen. Auch sie sind in einer Auseinandersetzung mit Vorsicht zu genießen, da sie schnell „nach hinten losgehen" können. Sie sind aber als rhetorisches Mittel aus einem Streitgespräch nicht wegzudenken.

„Zielsetzung der karikierenden Frage ist es, eine gemachte Aussage infrage zu stellen oder durch eine Überspitzung zu übertreiben. Dabei kann die Intention sehr unterschiedlich aussehen, beispielsweise möchte man den Gesprächspartner zu einer deutlicheren Aussage verleiten oder ihn auch mal gegebenenfalls zu einer Rücknahme der Äußerung bewegen, indem man sie bewusst falsch versteht."

Beispiele

- Jemand hat gesagt, er hätte während einer Geschäftsreise einen Abstecher gemacht und ein verlängertes Wochenende Badeurlaub eingeschoben.
- Frage: „Haben Sie kein schlechtes Gewissen, wenn Sie eine Geschäftsreise beantragen, nur um einen Badeurlaub zu machen?"

- Im Reisezug beschwert sich ein Gast über den Komfort.
- Frage: „Wahrscheinlich merken Sie auch eine Erbse unter Ihrer Matratze, richtig?"

- Nach Wegfall der Mauer hat sich für die Ostdeutschen einiges geändert, so die Aussage.
- Frage: „Es hat sich für die Ostdeutschen also einiges geändert, sagen Sie, haben sich die Ostdeutschen also Ihrer Meinung nach nicht verändert?“[86]

Auch diese Fragen haben in erster Linie einen Angriffscharakter. Wird man auf diese Art und Weise „angemacht“, bietet sich an, mit einer Gegenfrage zu kontern:

- Frage: „Haben Sie kein schlechtes Gewissen, wenn Sie eine Geschäftsreise beantragen, nur um einen Baderlaub zu machen?“
- Gegenfrage: „Waschen Sie sich nie?“
- Oder: „Irgendwann muss man sich ja mal waschen!“

Hier wird auf eine provokante Frage provokant geantwortet!

Antwortet man auf diese Art und Weise, ist man immer in Gefahr, die Eskalationsspirale auf die nächsthöhere Ebene zu treiben. Die Auseinandersetzung wird härter. Solche Antworten können aber auch dazu führen, dass das Gespräch beendet wird oder sogar einen sachlicheren Verlauf nimmt. Man könnte dies erreichen, indem man im gleichen Moment zur Sachlichkeit mahnt.

Das könnte folgendermaßen ablaufen:

„Irgendwann muss man sich ja mal waschen!“ – Der Kontrahent ist für einen Moment verblüfft – „Also, Spaß beiseite, mit Polemik kommen wir beide nicht weiter. Ich habe den Eindruck, Ihnen passt an meinem Dienstreiseverhalten etwas nicht.“

Wie zu Beginn des Kapitels erwähnt, sind noch viele andere Fragetechniken denkbar. Man kann sie sowohl als Angriffs- wie auch als Abwehrtechnik in der verbalen Auseinandersetzung anwenden. Diese hier alle zu erwähnen, würde aber zu weit führen.

[86] Bredemeier, Karsten: Provokative Rhetorik? – Schlagfertigkeit (S. 253 f.)

10 „Dumme Fragen“

Zu Anfang des Kapitels 9 wurde die These aufgestellt „Wer fragt, führt.“ Diese Aussage soll auch nicht angetastet werden. Jedoch sollte man immer auf der Hut sein! Man kann auch ausgesprochen dumme Fragen stellen, die dann das Gegenteil bewirken.

Folgende Situation: Die Kontrahenten haben nach langen, zähen Verhandlungen eine Betriebs- oder Dienstvereinbarung abgeschlossen, das „Werk“ liegt unterschriftsreif vor und der Arbeitgeber hat gerade seinen Füller gezückt, um zu unterschreiben. Zu diesem Zeitpunkt sollte man sich die Frage „Hoffentlich ist die Vereinbarung auch wirklich in Ihrem Sinne?“ tunlichst verkneifen!

Eine solche Aussage könnte auch als Aufforderung zum Nachverhandeln aufgefasst werden! Der Arbeitgeber, der sich nur widerwillig zu bestimmten Zugeständnissen hinreißen ließ, fasst dies vielleicht so auf. Er legt den Füller zur Seite und teilt mit: „Ich hätte da in der Tat noch zwei Punkte, über die wir noch einmal sprechen sollten.“

Aufgrund eines einzigen Satzes, ausgesprochen zur falschen Zeit, käme es unter Umständen nie zur Verabschiedung der Vereinbarung bzw. man müsste einen erheblich späteren Abschluss zu schlechteren Bedingungen in Kauf nehmen!

„Der Psychiater Aron R. Bodenheimer markiert diese Schattenseite des Fragens als ‚Obszönität ..., und zwar deshalb, weil eine Erfahrung von dreißig Jahren gemeinsamen Redens und Schweigens mir gezeigt hat, dass ich besser helfen kann, seit ich zu fragen aufgehört und zu sagen begonnen habe.‘ Doch auch diese Aussage ist nur mittels der Frage ‚in welcher Situation?‘ zu verstehen.“[87]

Diese Problematik sollte den Fragenden aber keinesfalls dazu verleiten, bestimmte Fragetechniken nicht oder nur noch sporadisch

[87] Bredemeier, Karsten: Provokative Rhetorik? – Schlagfertigkeit (S. 267)

zu verwenden. Man kann sich gut vorstellen, dass der bekannte Gesprächstherapeut Carl Rogers mit Bodenheimers Einwänden zu der Bedeutung von Fragen keinesfalls einverstanden gewesen wäre. „Fragen vertiefen nun einmal die kritischen Punkte von Gesprächen, ohne sie zu entzerren!“[88]

„Wann also sollte gefragt werden? Dann, wenn ich die mögliche Antwort einkalkuliert habe, vorausahnen kann, wohin das Gespräch driftet. Meine Position muss sich in situ verbessern, keineswegs verschlechtern – Fragezeichen sind Zeichen der kommunikativen Intelligenz.

Wer also weiß, dass eine Gegenfrage die Kritik am Gesagten verschärft, meidet diese und positioniert sich im Gespräch. Er trifft Aussagen. Doch auch dieses will gelernt sein. Richtige Aussagen als Kehrseite der Fragemedaille sind bewertende Aussagen, beispielsweise in Fall 1: ‚So, alle Fragen sind geklärt, hier müssen Sie Ihre Unterschrift leisten!‘

Fazit

Fragen sind und bleiben Führungsinstrumentarium in der Kommunikation, *weiterführen* im Gespräch *tun sie* allerdings nur dort, wo sie Wissensdefizite ausgleichen, in den seltensten Fällen erweisen sie sich als hilfreich, um Gesprächsdruck abzuwenden, fatal sind sie als Abfrage. Die wenigsten übrigens kennen die Kombination von Aussage und Frage, nämlich die Plattformfrage. Gerade in provokativen Interviews erleben wir sie immer wieder, beispielsweise, wenn der Journalist (unfair) fragt: ‚Sie hatten ja damals keine andere Wahl, als Minister zu werden, nachdem Sie als Unternehmer versagt hatten – übrigens: Was verdient denn ein Minister?‘ Das Frage-Antwort-Muster ist durchschaubar, doch wer auf die Frage einsteigt, lässt die Unterstellung zu. Und das passiert in 90 Prozent der Fälle.“[89]

---

[88] Bredemeier, Karsten: Provokative Rhetorik? – Schlagfertigkeit (S. 268)
[89] ebenda (S. 267 f.)

11 Toleranz, Empathie, Authentizität und Kongruenz

Mittlerweile ist sicher klar geworden, dass man in einer Auseinandersetzung die besten Chancen besitzt, wenn man sich nicht in den „offenen Schlagabtausch" begibt. Gleichzeitig werden viele über ihren Streitkontrahenten denken: „Wenn ich in dessen Situation wäre, wäre ich ebenfalls wütend." Wer diese Denkweise beherrscht, ist jedenfalls „Sieger nach Punkten"! Ist man sogar noch in der Lage, sich in den Kontrahenten hineinzuversetzen, kann die Auseinandersetzung eine durchaus positive Wendung nehmen. Diese Fähigkeit, Einfühlungsvermögen zu zeigen, nennt man „Empathie".

Angenommen, ein Kollege kommt voller Wut ins Betriebs- bzw. Personalratsbüro und beginnt mehr oder weniger lautstark seinen Unmut zu äußern. Das Betriebs- bzw. Personalratsmitglied steigt aber nicht ein in den Tanz, sondern entgegnet ihm, nachdem der Kollege zu Wort gekommen ist: „Ich kann dich gut verstehen, Kollege. Wenn ich in deiner Situation wäre, wäre ich genauso verärgert."

Wie würde das Gespräch wohl weiter verlaufen?

Der gerade geschilderte Prozess kann aber nur entstehen, wenn das Betriebs- bzw. Personalratsmitglied in der Lage ist, Toleranz zu zeigen. Dies bedeutet, man muss erst einmal akzeptieren, dass es mehrere Wahrheiten gibt. Denn wenn ein Betriebs- oder Personalrat aus seiner Sicht im Sinne der Gesamtbelegschaft richtig gehandelt hat, so muss diese Handlungsweise für den einzelnen Kollegen noch lange nicht richtig sein. Ist er in der Lage, dies zu akzeptieren, muss er vor dem Kollegen nicht das für das Gemeinwohl Erreichte verteidigen, sondern kann sich auf die individuelle Sichtweise des wütenden Kollegen einlassen.

Nun kann die Auseinandersetzung natürlich auch einen anderen Verlauf nehmen: Die aus Wut vorgetragenen Vorwürfe des Kollegen sowie dessen Uneinsichtigkeit verärgern den Betriebs- oder

Personalrat dermaßen, dass er kein Verständnis mehr für die Situation des Kontrahenten aufbringt. Wut macht sich breit. Er findet das Verhalten des Kollegen unverschämt. Was tun?

Wie schon an anderer Stelle besprochen, hat jede Wut auch eine gewisse Berechtigung. Man kann Wut nicht einfach unterdrücken, nach kurzer Zeit sucht sie sich ihren Weg. Früher oder später kommt der Ausbruch, meist dann in potenzierter Form. Man kann die Situation gut mit dem Bruch eines Staudamms vergleichen. Ist er erst gebrochen, gibt es für die Wassermassen kein Halten mehr. Hätte man das Wasser vorher dosiert abgelassen, wäre weit weniger geschehen.

Lässt man also seine Wut zu, wenn sie sich bemerkbar macht, gibt man ihr den Raum, den sie fordert, kann man sie auch besser kontrollieren.

Schön und gut, könnte man jetzt sagen, wie soll das funktionieren? Folgendes Szenario wäre denkbar: Der Kollege kommt wutentbrannt in das Betriebs- oder Personalratsbüro und regt sich über ein bestimmtes Ereignis auf. Aus Sicht des anwesenden Betriebs- bzw. Personalrats geschieht dieses Verhalten zu Unrecht, ist überzogen und verletzend.

Wenn dies so ist, sollte der Betriebs- oder Personalrat dies auch sagen: „Lieber Kollege Knall, dein Auftreten sowie die Art und Weise, wie du mir dein Anliegen geschildert hast, verärgert und verletzt mich. Ich will mich gern mit dir auseinander setzen und nach Möglichkeiten suchen, dir zu helfen. Doch dann solltest du mich auch mit einer gewissen Höflichkeit behandeln. Diese erwarte ich einfach von dir."

Ob das den Kollegen Knall unbedingt zur Mäßigung bringt, sei einmal dahingestellt. In dieser Situation geht es erst einmal um Selbstschutz, quasi als vorbeugende Maßnahme zur Verhinderung des „Dammbruchs"!

Der angegriffene Betriebs- bzw. Personalratskollege ist auch wütend. Er versucht die Wut zu kontrollieren, indem er ihr Platz lässt. Er zeigt nach außen hin, dass er wütend ist. Er ist somit

„echt". Dieses Verhalten wird „Kongruenz" genannt. Das heißt, wenn der Betriebs- bzw. Personalrat in einer Situation wütend wird, kann er diese Betroffenheit auch nach außen hin zeigen und sie z.B. mithilfe von Ich-Botschaften zurückmelden.

Bliebe also noch der Begriff der Authentizität. Damit ist gemeint, dass sich der Betroffene nicht verstellen soll. Versucht z.B. in einer Auseinandersetzung einer der Beteiligten Humphrey Bogart oder Clint Eastwood nachzuahmen, obwohl er vom Charakter eher Woody Allen zuzuordnen ist, sollte er dies tunlichst unterlassen! Auch in einer Streitsituation sollte jeder authentisch bleiben, d.h. seinem Typ entsprechend handeln.

Manche Menschen wählen sich einen Schauspieler oder Lehrer bzw. Ausbilder zum Vorbild. Dieses Verhalten kann aber schnell lächerlich oder unglaubwürdig wirken. Die anderen am Streit beteiligten Personen nehmen die Künstlichkeit des Verhaltens zumindest unterbewusst wahr. Wenn es nicht gerade lächerlich wirkt, so doch zumindest störend, als etwas Fremdes, das mit dem eigentlichen Streit nicht viel zu tun hat. Darüber hinaus kann man Schlagfertigkeit nicht kopieren, sie muss von innen heraus kommen. Man kann solche Dinge zwar trainieren, aber zu einem Günther Jauch wird man dadurch noch lange nicht!

12 Weitere Kontermöglichkeiten bei verbalen Angriffen

Im weiteren Verlauf stäuben wir noch ein wenig Kakao über das Sahnehäubchen unseres Cappuccino. Bezogen auf die Abwehr von verbalen Angriffen könnte man dies mit den folgenden Techniken realisieren.

12/1 Kontern durch Erweitern

Immer, wenn der Angreifer sich lediglich auf einen Kernbereich bezieht, hat er sich in irgendeiner Weise auf einen Angriff vorbereitet. Eine gute Möglichkeit, Angriffe zu entschärfen, besteht darin, weitere problematische Aspekte mit einzubeziehen.

Die Suppe, die einem gerade eingebrockt wird, wird dadurch etwas mehr verwässert. Betrachten wir noch einmal den wiederholt geschilderten Angriff des Abteilungsleiters Miesepriem, der den Betriebsratskollegen Hans Dampf zum x-ten Male des Kaffeetrinkens bezichtigt. Hans Dampf könnte kontern: „Gut, dass Sie auf das Kaffeetrinken im Betriebsratsbüro hinweisen. Im Rahmen der vertrauensvollen Zusammenarbeit wäre es nämlich nett von Ihnen, uns den Kuchen dazu zu spendieren. Über das Thema der vertrauensvollen Zusammenarbeit müsste in nächster Zeit auf jeden Fall noch geredet werden. Mit Ihren Aussagen gefährden Sie diese Zusammenarbeit nämlich immer wieder. In diesem Zusammenhang sollten wir dann auch gleich das Überstundenproblem ansprechen, das uns in unserer Abteilung ja ständig auf den Nägeln brennt, sowie Ihren nachlässigen Umgang mit diesem dringenden Thema!“

12/2 Herunterspielen bzw. Kontern durch Herunterspielen

Wieder hat der Abteilungsleiter Miesepriem etwas zu nörgeln! Diesmal geht es nicht um das Kaffeetrinken, vielmehr ist er der Meinung, dass sich der Kollege Dampf zu oft im Betriebsratsbüro aufhält.

Dampf könnte folgendermaßen reagieren: „Ach, die paar Stunden? Im letzten Monat, als Sie sich nicht an die vereinbarte Überstundenregelung gehalten haben, war ich viel häufiger im Betriebsratsbüro!"

Oder er könnte den Vorwurf „verniedlichen": „Nun regen Sie sich mal nicht so auf, ist doch halb so schlimm, wenn ich mal für eine halbe Stunde ins Betriebsratsbüro muss. Wenn so wichtige Personen wie Sie fehlen, das würde sich doch viel gravierender auswirken."

12/3 Drastifizieren

Drastifizieren kann man auf zwei verschiedene Arten. Wird z.B. jemand direkt angegriffen – wir bleiben bei unserem Konflikt zwischen Hans Dampf und Miesepriem –, könnte es sich so abspielen: Dampf will zur Betriebsratssitzung, Miesepriem regt sich in gewohnter Art und Weise darüber auf.

Würde Hans Dampf drastifizieren, könnte der Konter folgendermaßen aussehen: *„Ich habe den Eindruck, Herr Miesepriem, Sie denken, unsere Firma schreibt gleich rote Zahlen, wenn ich einmal ins Betriebsratsbüro gehe. Sie wollen doch wohl den Betriebsrat nicht für eine eventuell anstehende Pleite verantwortlich machen. Ich bin schon ganz unsicher, ob ich es wirklich noch wagen kann, zur Betriebsratssitzung zu gehen."*

Die zweite Variante des Drastifizierens kann z.B. eingesetzt werden, wenn eine Person sich über einen Dritten ärgert und den Ärger beim Betriebsrat ablässt. Obwohl in diesem Buch noch nicht besprochen, kommt so etwas ja immer wieder vor.

Das drastifizierende Zuhören kann man in diesem Zusammenhang auch als einen Bestandteil des aktiven Zuhörens bezeichnen. Gemeint ist damit, dass bestimmte Aussagen zugespitzt werden. Lautet z.B. eine Aussage: *„Es stört mich schon, dass mein Kollege bei seiner Arbeit ein wenig trödelt und ich dann auch nicht weitermachen kann"*, wird daraus: *„Wenn Ihr Kollege also herumtrödelt und Sie warten müssen, gelangen Sie allmählich innerlich zur Weißglut. Sie fühlen sich dann nicht ernst genommen."*

Aus der Aussage *„stört mich schon"* wurde *„zur Weißglut gelangen"*.

Mit dieser Umformulierung soll ausgedrückt werden, dass Aggressionen wahr- und ernst genommen werden sollten.

In diesem Zusammenhang sei auch noch einmal auf die Eskalationsspirale hingewiesen. Hier hat man es mit einem ungelösten Konflikt zu tun, der noch steigerungsfähig ist.

Nimmt der am Konfliktgespräch Beteiligte den Hinweis auf, antwortet er unter Umständen: „Zur Weißglut ist sicher etwas übertrieben, aber es ärgert mich schon!" An dieser Stelle besteht jetzt eventuell die Möglichkeit, eine Lösung auf der Sachebene zu finden.

Bei einer solchen Konstellation erhält das hier geführte Konfliktgespräch einen präventiven Charakter. Da wir sehr früh an die Bearbeitung gehen, wird langfristiger Streit oder gar Mobbing vermieden.

Wer erst den Ruf besitzt, faul zu sein, der rutscht auch in der Gruppenhierarchie nach unten. Einige Kollegen werden dann sicherlich den Abstieg nutzen können und auf Kosten des anderen in der Hierarchie steigen. Dies würde wieder neue Konflikte und somit verbale Angriffe produzieren. Das kann aber durch eine schnell folgende Intervention verhindert werden.[90]

---

[90] vgl. Reitemeier, Jürgen: Mediation und Streitschlichtung (S. 65)

12/4 Frage immer nach Interessen, nie nach Schuld

Es wurde an anderer Stelle schon darauf hingewiesen, dass es lediglich drei geeignete Konfliktlösungsstrategien gibt:

- Interessenlösung
- Regellösung
- Machtlösung

Nachfolgend soll der Bereich der Interessenlösung noch einmal gesondert betrachtet werden. Immer, wenn man in einer Streitsituation nach der Schuld fragt, wird man es schwer haben, eine Lösung zu erzielen, da alle am Streit Beteiligten den Konflikt aus einer anderen Warte betrachten. Jeder neigt also dazu, dem anderen die Schuld zu geben, da es vielfältige Ansichten gibt. Was eben noch richtig erschien, ist nach dem Wechsel der Perspektive dann scheinbar falsch!

Darüber hinaus sollte allen Beteiligten klar sein, dass man in der Regel kaum eine hundertprozentige Lösung erreichen kann, ohne ein hohes Maß an Kosten einzusetzen.

Beispiel

Angenommen, sieben Interessenten möchten sich ein Auto kaufen. Der Markt stellt acht Autos zur Verfügung, einen Porsche und sieben Mittelklassewagen. Alle möchten natürlich den Porsche fahren, was den Preis dieses ohnehin teuren Gefährts noch erhöht.

Wenn man nun davon ausgeht, dass alle Interessenten nur eine bestimmte Geldmenge zur Verfügung haben, wird es ihnen schwerlich gelingen, den Porsche zu erwerben. Fragt man nun die möglichen Käufer nach ihrem Hauptinteresse, möchten sich natürlich alle den Porsche für möglichst wenig Geld sichern. Ihr untergeordnetes Interesse heißt dagegen einfach „Auto fahren".

Betrachten wir zunächst das Hauptinteresse, das da heißt: Porsche fahren zu einem erschwinglichen Preis. Bei sieben Interessenten ist die Chance allerdings gleich null.

Also konzentrieren sich die möglichen Käufer auf ihr untergeordnetes Interesse (s.o.), sie ignorieren den Porsche. Fazit: Jeder erhält sein Auto zu einem erschwinglichen Preis, nur der Porschebesitzer bleibt auf seinem Fahrzeug „sitzen"! Wahrscheinlich wird er anschließend den Preis senken, da es keine Nachfrage gab.

Der Leser könnte jetzt sagen, okay, wenn der Porsche nun günstiger zu erwerben ist, könnte einer der Mittelklassebesitzer ihn ja kaufen. Könnte er natürlich. Aber das Leben geht eben weiter, die Verhältnisse und Interessen ändern sich. Das heißt aber auch, dass man die Interessen neu verhandeln kann.

Viele werden jetzt fragen: „Was hat dieses Beispiel mit einem verbalen Angriff zu tun?" Ganz einfach, auch bei einem Streit geht es um Interessen. Ist man also einem verbalen Angriff ausgesetzt, sollte man versuchen, auch die Interessen des Kontrahenten zu sehen. Schafft man es, diese zu erkennen, hat man eine Verhandlungsebene gefunden.

Angenommen, ein Kollege kommt aufgebracht in das Betriebs- bzw. Personalratsbüro und bezichtigt den anwesenden Kollegen, er sei unfähig und würde sich nur unzureichend um die Belange der Belegschaft kümmern. Natürlich könnte dieser Angriff den anwesenden Betriebs- bzw. Personalrat dazu verleiten, zurückzuschreien. Wenn ihm jedoch klar ist, dass der Angreifer nur Angst um seinen Arbeitsplatz hat, ist er unter Umständen in der Lage, auf einen lautstarken Konter zu verzichten.

Wie sieht das Interesse des „Wüterichs" aus? Sein Hauptinteresse ist sicherlich, seinen Arbeitsplatz zu behalten. Dann könnte der Betriebs- bzw. Personalratskollege ihn darauf ansprechen und fragen: „Bist du so wütend, weil du Angst um deinen Arbeitsplatz hast?"

Antwort: „Ja, und ich mache den Betriebsrat dafür verantwortlich!"

Als nächste Frage bietet sich dann an: „Was sollte der Betriebsrat für ein Interesse daran haben, dass du arbeitslos wirst?"

Spätestens an dieser Stelle könnte es passieren, dass der Angreifer zum Argumentieren übergeht. Dem Betriebs- bzw. Personalratskollegen eröffnet sich dadurch die Möglichkeit, Interessen zu verhandeln. Das Gespräch könnte folgendermaßen fortgeführt werden: „Ich gehe davon aus, dass du deinen Arbeitsplatz nicht verlieren willst." Der Angreifer wird den Betriebs- bzw. Personalrat verdutzt ansehen und sagen: „Natürlich will ich meinen Arbeitsplatz nicht verlieren!" – „Legst du Wert auf diesen Arbeitsplatz oder würdest du auch an anderer Stelle arbeiten?" – „Natürlich möchte ich den Arbeitsplatz behalten, den ich jetzt innehabe!" – „Und du siehst keine Möglichkeit, dich in dieser Frage zu bewegen?"

Würde dies verneint, müsste ihm der Betriebs- bzw. Personalratskollege antworten: „Dann weiß ich nicht, wie ich dir helfen soll." Eine Interessensverhandlung wäre nicht möglich, der Kollege will nur den „Porsche", d.h. die für ihn bestmögliche Lösung.

Würde er jedoch sagen: „Ich will arbeiten, auch wenn ich das an einer anderen Stelle im Betrieb machen muss!", so eröffnen sich unter Umständen schon eine ganze Menge Möglichkeiten.

Natürlich gibt es nicht immer nur befriedigende Lösungen für beide Seiten, vor allem, wenn es sich um etwas so Existenzbedrohendes handelt wie den Verlust des Arbeitsplatzes. Der Interessensspielraum wird dann schnell sehr klein. Doch auch dann sind Lösungen in Sicht, sodass der Kollege das Betriebs- bzw. Personalratsbüro verlassen könnte und denkt: „Okay, ich werde meinen alten Arbeitsplatz nicht behalten können, dafür aber einen anderen bekommen. Das ist zwar nicht mein Hauptinteresse gewesen, aber immer noch besser als die Arbeitslosigkeit."

Hätte der Betriebsratskollege ebenfalls emotional reagiert, hätte der Angreifer das Büro wahrscheinlich mit größerer Wut und Unsicherheit verlassen.

Bei diesem Beispiel wird deutlich, dass es immer eine Möglichkeit gibt, aus den gegenseitigen Angriffen auszusteigen bzw. sich erst gar nicht daran zu beteiligen, um anschließend die Chance wahrzunehmen, Verhandlungssituationen zu entwickeln. Miteinander verhandeln heißt, wieder aufeinander zugehen. In diesem Falle wird das durch das Anwenden von Fragetechniken sowie durch Interessenverhandlung realisiert. Der Fragende führt das Gespräch. Im weiteren Verlauf wird man dazu befähigt, Ziele zu definieren, seinen eigenen Standpunkt zu bestimmen sowie Lösungswege zum Erreichen dieser Ziele zu entdecken.

„Hierzu nachfolgend eine Methode, die Mitarbeiter/innen der Stiftung für Frieden und Zukunftsforschung in Schweden entwickelt haben, um Konflikte zu verstehen und zu lernen, gewaltfreie Lösungsmöglichkeiten zu finden:

Acht Prinzipien für die Konfliktlösung:

1. Interessen
   Beziehe dich auf die Interessen und nicht auf die Positionen.
2. Menschen
   Unterscheide zwischen den Menschen und dem Problem!

3. Optionen
   Überlege dir viele Handlungsmöglichkeiten, bevor du dich entscheidest, was zu tun ist. Durchdenke nicht nur deinen eigenen Schritt, sondern eine Reihe von möglichen Schritten und Gegenbewegungen!
4. Kriterien
   Achte darauf, dass das Ergebnis allgemein verbindlichen Kriterien genügt!
5. Wahrheit
   Es gibt mehrere Wahrheiten: Deine, ihre und vielleicht eine weitergehende!
6. Mittel
   Beachte die Einheit von Mittel und Ziel!
7. Prämissen
   Halte dich an Prinzipien und baue darauf deine eigene Strategie auf. Verfolge nur solche Ziele, die sowohl für dich wie für die andere Seite gut sind – auch, wenn die andere Seite sich nicht entsprechend verhält!
8. Macht
   Macht ist die Fähigkeit, die eigenen Ziele zu erreichen, nicht, andere zu bestrafen!“[91]

12/4.1 Die eigene Interessenlage zählt

Wie bereits erwähnt, spielt die Frage nach den Interessen eine wichtige Rolle, wobei nicht nur die Interessen des Gegners von besonderer Bedeutung sind. Wer nach einem Konflikt mit dem Gefühl dasteht: „Meine eigenen Interessen sind auf der Strecke geblieben“, für den ist der Konflikt noch lange nicht beendet!

Die Auseinandersetzung mit der eigenen Interessenlage geht dann noch viel weiter. Das sich meist verdeckt äußernde Gefühl, dass die eigene Interessenlage nicht ausreichend berücksichtigt wurde, führt zwangsläufig zu einer latenten Unzufriedenheit. Dadurch lässt man bei späteren verbalen Angriffen die Souveränität vermissen, die unerlässlich ist, um „aus dem Tanz“ auszusteigen.

---

[91] Reitemeier, Jürgen: Mediation und Streitschlichtung (S. 48 f.)
vgl. auch Henricson-Cullberg, Marta u.a.: After Jugoslavia what? Report by a conflict-mitigation mission to Croatia, Slovenia and Serbia,
vgl. Reitemeier, Jürgen: Mediation und Streitschlichtung (S. 33)

Der leicht Angreifbare neigt daraufhin dazu, selbst sehr schnell anzugreifen!

„Nicht jedes Problem ist eine Auseinandersetzung wert. Nehmen Sie sich Zeit für eine Abklärung Ihrer persönlichen Interessenlage. Finden Sie heraus, wie wichtig Ihnen der Konflikt und das zugrunde liegende Problem wirklich sind. Versuchen Sie die zukünftige Entwicklung der Auseinandersetzung zu prognostizieren und die Auswirkungen einer möglichen Eskalation abzuschätzen. Stellen Sie sich vor, welche Konsequenzen – ob beabsichtigt oder nicht – ein solcher Konflikt für Sie haben könnte. Berücksichtigen Sie dabei neben Ihrer beruflichen Existenz auch Ihre private Lebenssituation.“[92]

[92] Fehlau, Eberhard G.: Konflikte im Beruf. (S. 48)

13 Auswirkungen und Folgen von verbalen Angriffen und arbeitsrechtliche Einordnung

Wenn man sich mit der Problematik verbaler Angriffe auseinander setzt, sind immer zwei Ebenen zu beachten:

1. Wie kann ich verbalen Angriffen entgegentreten, wie kann ich „kontern“ und wie kann ich einen solchen Angriff in ein konstruktives Gespräch umwandeln? Dies ist die kommunikative, die rhetorische Seite. Sie ist natürlich sehr wichtig, um sich in der Arbeitswelt zu behaupten. Andererseits aber auch deshalb, weil Menschen, die sich „im Ton vergreifen“, dies nur so lange tun, wie sie mit dieser Auseinandersetzungsform Erfolg haben.
2. Verlangen Betriebsklima und Arbeitsplatzkultur soziale Kompetenz und konstruktive Umgehensweisen mit Konflikten, werden sich Menschen mit einem Hang zu verbalen Angriffen umorientieren müssen (und können!).

Dies bedeutet, dass Betriebs- und Personalräte nicht nur in der Lage sein müssen, schlagfertig zu kontern, sondern in den Unternehmen und öffentlichen Einrichtungen auch dafür sorgen müssen, dass Wertschätzung, soziale Kompetenz und menschliche Umgehensweisen das Betriebsklima bestimmen.

In jeder öffentlichen Einrichtung und in jedem Unternehmen kommt es immer wieder zu Situationen, die eskalieren können. Als Folgen dieser Eskalation werden dann oft verbale Attacken „gefahren“.

Die von Missstimmigkeiten und Aggression geprägte Arbeitsatmosphäre führt zur Unzufriedenheit am Arbeitsplatz. Diese Situationen sind arbeitstechnisch betrachtet enorme „Zeitfresser“ und – was noch schwerer wiegt – „Energiefresser“. Die Kraft, die dazu benötigt wird, Konflikte auszutragen, geht den Beteiligten im Arbeitsprozess natürlich verloren. Folge: Die Arbeitsleistung wird schlechter!

Doch was noch verheerender ist: Diese Art der Konfrontation bringt sehr viel negativen Stress mit sich, und der macht bekanntlich krank!

Mit anderen Worten: Merkmale von Stress sind Zeitdruck, Konflikte, Teamstörungen, ungeklärte Aufträge usw., die als Reaktion Spannungsgefühle, Angst, Ärger und Frustration hervorrufen. Langfristige Folgen davon sind unter anderem Schlaflosigkeit, Gereiztheit sowie irgendwann die „Flucht" in die Krankheit, oder man greift zu den „kleinen Helfern" (Beruhigungsmittel, Schlafmittel, Alkohol ...).

Diese Problematik verlangt dem einzelnen Menschen ein Handeln auf verschiedenen Ebenen ab. Der Gesamtorganismus reagiert auf der psychisch-geistigen Ebene z.B. mit Übellaunigkeit, auf der biologisch-physiologischen Ebene dagegen mit Kopfschmerz, Magenschmerz usw.

Auf der sozialen Ebene führt dies zur Isolation in der Gruppe, zu „Einzelkämpfermentalität", Befindlichkeitsstörungen und leistungsrelevanten Verhaltensbeeinflussungen.[93]

„Die Folgen einer nicht gelungenen oder unangemessenen Stressbewältigung wirken zurück auf die Wahrnehmung und Bewertung neuer Situationen. Menschen, denen es schlecht geht oder die krank sind, werden neuen Stresssituationen mit weniger Selbstbewusstsein und Selbstsicherheit begegnen und daher leichter in Stress geraten als ausgeglichene gesunde Menschen (negativer Kreislauf)".[94]

Belastungen und Beanspruchungen am Arbeitsplatz sind in der DIN 33405 geregelt, unter den Überschriften „Soziale Einflüsse" und „Sonstige belastende Einflüsse". Dort würde man auch verbale Angriffe einordnen.

Diese sollten im Zusammenhang mit innerbetrieblicher Gesundheitsförderung auch von Betriebs- und Personalratsseite im Rah-

---

93 vgl. Höfle, Margit: Stress – Burnout. (S. 1 ff.)
94 ebenda (S. 3)

men der vertrauensvollen Zusammenarbeit mit dem Arbeitgeber berücksichtigt werden.

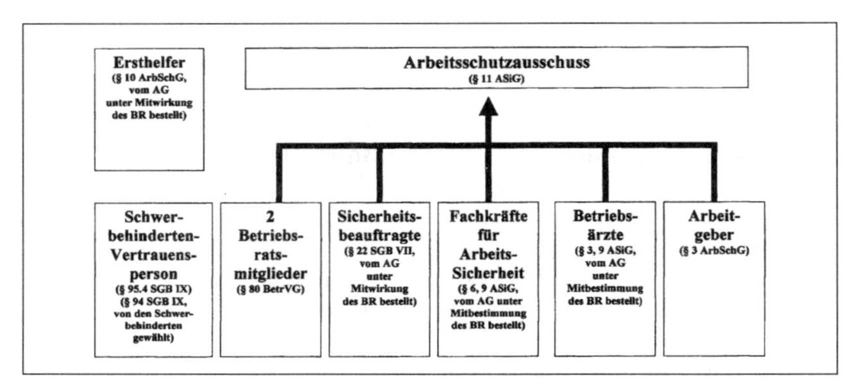

Abbildung: Innerbetriebliche Stellen für die Betriebliche Gesundheitsförderung[95]

13/1 Handlungsmöglichkeiten des Betriebs- und Personalrats

Im gesetzlichen Arbeits- und Gesundheitsschutz sind psychische Belastungen einbezogen (hierunter fallen unserer Meinung nach auch die verbalen Angriffe). Nach dem Arbeitsschutzgesetz ist eine Beurteilung der Arbeitsbedingungen von jedem Arbeitgeber vorzunehmen unter Einbeziehung des gesamten betrieblichen Belastungsspektrums. Neben der Arbeitsplatzgestaltung und den Arbeitsmitteln sind die Arbeitsorganisation, Arbeitsabläufe, Arbeitszeit, soziale Beziehungen in ihrem Zusammenwirken auf den Menschen zu untersuchen und die Gefährdungspotenziale festzustellen. Die Einbeziehung der Beschäftigten ist erforderlich einschließlich ihrer Qualifizierung und Unterweisung am Arbeitsplatz. Nach der Beurteilung und Feststellung der Gefährdungen sind vom Arbeitgeber Maßnahmen zu entwickeln, zu dokumentieren und eine Erfolgskontrolle sicherzustellen (§§ 5 und 6 Arbeits-

[95] Höfle, Margit: Stress – Burnout (S. 6)

schutzgesetz). Ziel ist, die Belastungen der Beschäftigten im Betrieb zu reduzieren und ihre Gesundheit zu fördern.

In die gleiche Richtung zielt der Präventionsauftrag der Berufsgenossenschaften. Ihre Aufgabenstellung wurde erweitert nach dem Sozialgesetzbuch (§ 14 SGB VII). Danach hat die zuständige Berufsgenossenschaft im Betrieb neben der Verhütung von Arbeitsunfällen und Berufskrankheiten auch die Ursachen arbeitsbedingter Gesundheitsgefahren zu untersuchen und Präventivmaßnahmen zu ergreifen.

Wesentliche Rechte des Betriebsrats im Arbeits- und Gesundheitsschutz sind im Betriebsverfassungsgesetz (BetrVG), im Arbeitsschutzgesetz (ArbSchG) und im Arbeitssicherheitsgesetz (ASiG) geregelt.

Der Betriebsrat hat Überwachungs-, Mitwirkungs- und Mitbestimmungsrechte.

Rechte des Betriebsrats im Arbeits- und Gesundheitsschutz

- Überwachung
  - § 80 (Abs. 1) BetrVG: Einhaltung geltender Vorschriften
- Mitwirkung: Information, Beratung, Unterstützung
  - § 89 BetrVG: Anregungen, Beratung, Auskunft, Information
  - § 90 BetrVG: Unterrichtung, Beratung
  - § 9 ASiG: Zusammenarbeit mit FASi und Betriebsärzten
  - § 11 ASiG: Arbeitsschutzausschuss
- Mitbestimmung
  - § 91 BetrVG: korrigierende Mitbestimmung
  - § 87 (Abs. 1): Mitbestimmung bei Umsetzung von Vorschriften zum Arbeits- und Gesundheitsschutz

Mitbestimmungsrecht des Betriebs- und Personalrats

§ 87 Abs. 1 Nr. 7 BetrVG

Der Betriebsrat hat, soweit eine gesetzliche oder tarifliche Regelung nicht besteht, in folgenden Angelegenheiten mitzubestimmen: „[...] Regelungen über die Verhütung von Arbeitsunfällen und Berufskrankheiten sowie über den Gesundheitsschutz im Rahmen der gesetzlichen Vorschriften oder Unfallverhütungsvorschriften [...]“

§ 75 Abs. 3 Nr. 11 BPersVG

„Der Personalrat hat, soweit eine gesetzliche oder tarifliche Regelung nicht besteht, gegebenenfalls durch Abschluss von Dienstvereinbarungen mitzubestimmen über Maßnahmen zur Verhütung von Dienst- und Arbeitsunfällen und sonstigen Gesundheitsschädigungen.“

Voraussetzungen für das Mitbestimmungsrecht des Betriebs- und Personalrats

In Gesetzen, Vorschriften und Tarifverträgen

- keine abschließend und unmittelbar wirkenden Regelungen
- ausfüllungsbedürftige Rahmenvorschriften
- Beurteilungs- und Ermessensspielraum des Arbeitgebers (Wahl zwischen Alternativen)
- generell-abstrakte Regelungen (nicht bloße Einzelmaßnahmen)

Mitbestimmung des Betriebsrats bei folgenden Regelungsgegenständen (LAG Hamburg, 21.09.2000, Az: 7/TaBV3/98)

- Gefährdungsbeurteilung (§ 5 ArbSchG, § 3 BildscharbV)
- Ausgestaltung der Dokumentation (§ 6 ArbSchG)
- Unterweisung der Beschäftigten (§ 12 ArbSchG)
- Maßnahmen des Arbeitsschutzes
  - §§ 3 Abs. 1 und 4 ArbSchG
  - §§ 5 und 4 BildscharbV
- betriebliche Organisation des Arbeits- und Gesundheitsschutzes (§ 3 Abs. 2 Nr. 1 und 2 ArbSchG)
- Beauftragung fachkundiger Personen mit Aufgaben des Arbeits- und Gesundheitsschutzes (§ 13 Abs. 2 ArbSchG)
- arbeitsmedizinische Vorsorgeuntersuchungen (§ 11 ArbSchG und § 6 BildscharbV)[96]

[96] Zahn, Christian u.a.: Psychische Belastungen in der Arbeitswelt

„Weitere gesetzliche Regelungen beruhen auf dem EU-Recht. Das deutsche Arbeitsschutzgesetz verlangt die Beachtung nicht nur physikalischer, mechanischer oder chemischer Gefahren und Gefährdungen, sondern auch die Berücksichtigung von Belastungen, die sich aus den Wechselwirkungen mit Arbeitsbedingungen, Arbeitsorganisation und dem sozialen Umfeld ergeben."[97]

Somit sollte auch die Nachfrage nach dem Betriebsklima bzw. der Häufigkeit von verbalen Angriffen in die Gefährdungsbeurteilung mit einfließen.

Grundsätzlich kann man zwischen zwei Methoden unterscheiden: Einerseits gibt es den „quantitativen Weg", d.h., man beurteilt die Häufigkeit und achtet auf die Anzahl der Personen, die unter einer bestimmten Belastung leiden, bzw. die Anzahl verschiedener Belastungen, der eine Person ausgesetzt ist. Je größer die Zahl der gemessenen Belastungen, desto dringender ist der Handlungsbedarf.

Die zweite Möglichkeit ist der „qualitative Weg", der den quantitativen um den Aspekt der Intensität erweitert, also um die Frage, wie stark jemand durch eine Belastung leidet. Hier werden besondere Fragebögen eingesetzt, die allerdings komplexere statistische Auswertungsverfahren erfordern. Sie sind deshalb nur zu empfehlen, wenn sie von qualifizierten Personen durchgeführt werden.[98]

Bei der Beschreibung des qualitativen Wegs, bei dem man sich dazu entschließt, Fragebögen einzusetzen, sollten folgende Überlegungen Berücksichtigung finden:

Bei Befragungen zu beachten:

- die betroffene Belegschaft rechtzeitig informieren und Ziele der Befragung klar machen

97 Höfle, Margit: Stress – Burnout (S. 6)
98 vgl. ebenda (S. 9)

- vertrauensbildende Maßnahmen einsetzen. Anonymität und Datenschutz gewährleisten. Persönliche Befragungen nicht vom AG durchführen lassen
- Teilnahme an Befragung muss freiwillig sein
- Rückmeldung über Befragungsergebnisse an die Befragten
- sicherstellen, dass und in welcher Form Ergebnisse weiterbearbeitet werden[99]

Einsatz von Fragebögen:

- Es gibt viele wissenschaftliche Fragebögen zum Thema Stress. Sie eignen sich meist nicht optimal für den Zweck der Arbeitsplatzbeurteilung, da sie einen hohen Auswertungsaufwand bedingen und für die Interpretation der Ergebnisse psychologisches Fachwissen notwendig ist.
- Der Einsatz von Fragebögen eignet sich bei Befragung von mindestens 15 Personen; in Kleinbetrieben sind direkte Gespräche oder Checklisten besser.
- Optimal sind „maßgeschneiderte" Fragebögen für jeden Betrieb. Dies setzt aber die Inanspruchnahme von Beratung und Zeit voraus.[100]

Da verbale Angriffe oft auch im Zusammenhang mit Mobbing gemeinsam zum Tragen kommen, soll in diesem Zusammenhang noch einmal auf die Rechtsprechung hingewiesen werden, die das LAG Thüringen mit seinem Urteil vom 10.04.2001 (Az: 5 Sa 403/00) formuliert hat. Dieses Urteil kann wirklich als Meilenstein angesehen werden, denn erstmals gibt es nun eine Definition des Begriffs Mobbing in der Rechtsprechung sowie eine klare Aussage zu den Rechten der Opfer.[101]

Durch dieses Urteil werden alle Maßnahmen, die verbalen Angriffen entgegentreten, als präventives Moment gegen Mobbing aufgewertet.

Weiterhin soll an dieser Stelle noch auf die Gesamtbetriebsvereinbarung „Gesundheitsschutz und Arbeitssicherheit" gemäß § 87

99 Höfle, Margit: Stress – Burnout (S. 10)
100 ebenda (S. 10)
101 vgl. Turnus Brief „Sonderinfo"

Abs. 1 Nr. 7 BetrVG hingewiesen werden. Sie wurde herausgegeben vom Ver.di-Bundesvorstand (Hrsg.: Christian Zahn) und ist in der Dokumentation „Psychische Belastungen am Arbeitsplatz“ erschienen.

14 Verbale Angriffe – lassen Sie es nicht so weit kommen!

Die beste Möglichkeit, sich gegen verbale Angriffe zu schützen, ist, es erst gar nicht zu dieser Situation kommen zu lassen.

Vorbeugende Maßnahmen kann man auf zweierlei Art und Weise treffen. Einerseits ist hier die allgemeine betriebliche Situation zu nennen (zu diesem Bereich zählen eine gute Arbeitsatmosphäre, Zufriedenheit am Arbeitsplatz, geringer Arbeitsdruck, Wertschätzung der einzelnen Personen, Führungskompetenz, klare Aufgabenbereiche usw.).

Entsprechend sollten die vorbeugenden Maßnahmen aussehen:

Präventionsmaßnahmen, die sich auf die Arbeitssituationen beziehen

- Maßnahmen, die das Arbeitsumfeld betreffen
- Maßnahmen, die die Arbeitsanforderung betreffen
- Maßnahmen, die sich auf die Organisation im Betrieb beziehen
- Maßnahmen, die sich auf die Vermeidung von Unsicherheit beziehen
- Maßnahmen zur Erhöhung des Tätigkeitsspielraums
- Maßnahmen zur Verbesserung des sozialen Klimas[102]

Sind die Faktoren hinsichtlich der Arbeitssituation so geregelt, dass Arbeitszufriedenheit, gute Arbeitsatmosphäre und soziale Kompetenz das Arbeitsklima bestimmen, ist der erste Schritt getan.

Anschließend sollte man den zweiten Bereich betrachten, in dem es um individuelle Vorbeugemaßnahmen geht. Man sollte sich z.B. ansehen, ob die betreffende Person richtig eingesetzt ist.

[102] Höfle, Margit: Stress – Burnout (S. 9)

Unterforderung wie Überforderung führen zu Unzufriedenheit und übler Laune – Situationen, aus denen immer wieder soziale Konflikte entstehen.

Nicht zu unterschätzen ist auch das Problem der sich über einen längeren Zeitraum hinziehenden Überstunden sowie ungeregelte Anfangs- und Feierabendzeiten.

Aus Betriebs- bzw. Personalratssicht ist auch darauf zu achten, dass die fachliche Qualifikation stimmig ist, dass der Beschäftigte in seiner Persönlichkeitsbildung nicht eingeschränkt wird und dass jeder Kollege auch für sich selbst Verantwortung übernimmt und Präventionstechniken entwickelt.

Präventionsmaßnahmen, die sich auf Personen beziehen

- fachliche Qualifikation (Nachqualifikation, regelmäßige Weiterbildung)
- Persönlichkeitsbildung (zur Erweiterung der Wahrnehmungs- und Handlungsmöglichkeiten)
- Supervision und Coaching (zur Gewinnung von Ordnung, Klarheit und Perspektive)
- Entspannungstechniken (zur besseren Regeneration)
- Bewegung und Ernährung (zur Steigerung der allgemeinen Fitness)[103]

Es hat sich herausgestellt, dass eine Prävention auch hinsichtlich der seelischen Gesundheit eine große Rolle spielt. Somit sollte man in Zukunft in der betrieblichen Alltagswelt ungesundes Konkurrenzdenken (Stichwort: Ellenbogengesellschaft!) durch gesundes Wettbewerbsverhalten ersetzen – gewürzt natürlich mit einer guten Prise sozialer Kompetenz!

An diesem Prozess sollten sich die Arbeitnehmervertreter entscheidend mitbeteiligen und sich dafür stark machen, dass im betrieblichen Alltag ein Umdenken stattfindet und anschließend ein verändertes Handeln einsetzt.

---

[103] Höfle, Margit: Stress – Burnout (S. 9)

Unseres Erachtens werden moderne Betriebe in der Zukunft auch verstärkt auf Arbeitsbedingungen achten, die ein ausreichendes Maß an Zufriedenheit erzeugen. Arbeitgebern wird klar werden, dass „Viren der Unzufriedenheit“ am Arbeitsplatz genauso krank machen können wie die Krankheitserreger, die für die nächste Grippewelle verantwortlich sind!

Denn auch negativer Stress – für die Kontrahenten das Resultat der verbalen Angriffe – schwächt die Funktionsfähigkeit des Immunsystems. Gestärkt wird das Immunsystem durch seelisches Wohlbefinden und Freude, zu einem nicht unbedeutenden Teil auch durch das Betriebsklima am Arbeitsplatz. Muss also jemand ständig damit rechnen, verbal attackiert zu werden, führt dies zwangsläufig zu seelischen Belastungen. Noch schlimmer aber: Auch die körperlichen Abwehrkräfte werden geschwächt!

Zu einem intakten Betriebsklima zählen also gute Gespräche – auch mal ein kleines „Schwätzchen“ hier und da – oder ab und an ein schönes Essen mit Kollegen gehört zu den präventiven Maßnahmen und gilt als leistungsfördernd!

Auch für den Umgang mit Gefühlen muss in der Arbeitswelt Raum und Platz sein, um sich fit und gesund zu halten, sich wohl zu fühlen und leistungsfähig zu bleiben. Der „Virus“ der verbalen Angriffe hat in einem solchen Klima einfach zu wenig Raum, um sich einzunisten!

Literaturliste

Bessemer, Christoph: Mediation – Vermittlung im Konflikt. Stiftung Gewaltfreies Lernen, Königsfeld

Bierhoff, Hans Werner: Sozialpsychologie. Ein Lehrbuch. Kohlhammer, Stuttgart, Berlin, Köln, Mainz 1984

Birkenbihl, Vera F.: Das „neue“ Stroh im Kopf? Vom Gehirn-Besitzer zum Gehirn-Benutzer. 38. Aufl., MVG-Verlag, Landsberg am Lech 2001

Bredemeier, Karsten: Provokative Rhetorik? – Schlagfertigkeit. Goldmann Verlag, München 2000

Cicero, Antonia/Kuderna, Julia: Die Kunst der „Kampfrhetorik“: Power-Talking in Aktion. Junfermann, Paderborn 1999

Ellis, Albert: Die rational-emotive Therapie. Das innere Selbstgespräch bei seelischen Problemen und seine Veränderungen. Pfeiffer Verlag, München 1989

Faller, Kurt: Mediation in der pädagogischen Arbeit. Verlag an der Ruhr, Mühlheim a.d.R. 1998

Fehlau, Eberhard G.: Konflikte im Beruf. STS Verlag, Planegg 2000

Gray, John: Männer sind anders. Frauen auch. Männer sind vom Mars. Frauen von der Venus. Wilhelm Goldmann Verlag, München 1993

Henricson-Cullberg, Marta u.a.: After Jugoslavia what? Report by a conflict-mitigation mission to Croatia, Slovenia and Serbia. Sept. 1991

Höfle, Margit: Stress – Burnout. Arbeit und Leben Detmold (Seminarunterlagen), Detmold 2001

Höher, Peter/Höher, Friederike: Konflikte kompetent erkennen und lösen. Haufe Verlag, Freiburg (Breisgau), Berlin, München 2002

Margraf, Jürgen/Schneider, Silvia: Panik, Angstanfälle und ihre Behandlung. Springer Verlag, Berlin 1990

Merkle, Rolf: Laß Dir nicht alles gefallen. Wie Sie Ihr Selbstbewußtsein stärken und sich privat und beruflich besser durchsetzen können. PAL Verlag GmbH, Mannheim 1990

Metzig, Werner/Schuster, Martin: Lernen zu lernen. Lernstrategien wirkungsvoll einsetzen. Springer Verlag, Berlin 1996

Miller, Reinhold: Sie Vollidiot! Von der Beschimpfung zum konstruktiven Gespräch. Rowohlt Taschenbuch GmbH, Reinbek bei Hamburg 2001

Miller, Reinhold: „Du dumme Sau". AOL-Verlag, Lichtenau 1998

Molchow, Sammy: Körpersprache im Beruf. Wilhelm Goldmann Verlag, München 2001

Müller, Meike: Schlagfertig! Verbale Angriffe gekonnt abwehren. Falken Verlag, Niedernhausen/Ts. 2000

Neumann, Reiner: Schlagfertig reagieren im Job: sicher auftreten, gekonnt argumentieren, sich erfolgreich zur Wehr setzen. Verlag Moderne Industrie, Landsberg am Lech 2001

Reitemeier, Jürgen: Mediation und Streitschlichtung. Weka-Media Verlag, Kissing 2001

Revenstorf, Dirk/Peter, Burkhard (Hrsg.): Hypnose in Psychotherapie, Psychosomatik und Medizin. Manual für die Praxis („Pacing und Leading"-Prinzip). Springer Verlag, Berlin, Heidelberg 2001

Rocheblave-Spenle, Anne-Marie: Psychologie des Konfliktes. Lambertus-Verlag, Freiburg im Breisgau 1973

Schmidt-Tanger, Martina: Veränderungscoaching: Kompetent verändern. NLP im Changemanagement, im Einzel- und Teamcoaching. Junfermann, Paderborn 1998

Schulz von Thun, Friedemann: Miteinander reden: Störungen und Klärungen. Psychologie der zwischenmenschlichen Kommunikation. Rowohlt Taschenbuch Verlag, Reinbek bei Hamburg 1988

Schulz von Thun, Friedemann/Ruppel, Johannes/Stratmann, Roswitha: Miteinander reden: Kommunikationspsychologie für Führungskräfte. Rowohlt Taschenbuch Verlag, Reinbek bei Hamburg 2000

Seiwert, Lothar J./Konnertz, Dirk: Zeitmanagement für Kids – fit in 30 Minuten. Das LernTeam, Marburg, GABAL Verlag GmbH, Offenbach 2000

Stierlin, Helm: Ob sich das Herz zum Herzen findet. Ein systemisches Paar-Brevier in Versen und Bildern. Carl-Auer-Systeme Verlag, Heidelberg 2001

Tannen, Deborah: Das hab' ich nicht gesagt! Kommunikationsprobleme im Alltag. Wilhelm Goldmann Verlag, München 1999

Thörner, Josef: Systemanalyse in der Verhaltenstherapie ... und die Kindheit ist doch wichtig! CIP-Medien, München 1995

Turnusbrief „Sonderinfo“, Kissing 2001

Watzlawick, Paul/Beavin, Janet H./Jackson, Don D.: Menschliche Kommunikation. Formen, Störungen, Paradoxien. 7. Auflage, Verlag Hans Huber, Bern 1985

Wolf, Doris: Ängste verstehen und überwinden: gezielte Strategien für ein Leben ohne Angst. 8. Auflage, PAL Verlag GmbH, Mannheim 1994

Zahn, Christian u.a.: Psychische Belastungen in der Arbeitswelt (Dokumentation ver.di). Bundesvorstand Büro Düsseldorf 2001

Zittlau, Dr. Dieter: Schlagfertig kontern in jeder Situation. Südwest Verlag in der ECON Ullstein List Verlag GmbH, München 2000